NINA SCHNITZENBAUMER

EMOTIONALE PORTRÄTFOTOGRAFIE

Von den Grundlagen zum perfekten Foto

humboldt

INHALT

VORWORT

Schön, dass du dich für dieses Buch entschieden hast. Hast du dir gerade erst eine neue Kamera gekauft und möchtest nun wissen, wie du die Einstellungen optimal für dich nutzen kannst? Du möchtest emotionale Porträts erstellen und fragst dich, wie du am besten mit dem vorhandenen Licht arbeitest? Dich interessiert brennend, wie man sich für die passende Location entscheidet? Dann ist dieses Buch perfekt für dich geeignet.

Angefangen bei den Einstellungen deiner Kamera bis hin zum richtigen Licht und Posing deines Models zeige ich dir in diesem Buch alles Schritt für Schritt. Du lernst, perfekt mit den natürlichen Gegebenheiten umzugehen und außerdem auch, auf die Details zu achten. Du erfährst darüber hinaus, welches Posing natürlich und authentisch wirkt und die Person echt wirken lässt. Abgerundet mit einigen Tipps und Tricks zum einfacheren Arbeiten ist dieses Buch der perfekte Ratgeber für dich als Begleitung zu deinem emotionalen Porträtshooting.

Über mich

Mein Name ist Nina. Ich komme aus einem beschaulichen Örtchen in der Nähe von Darmstadt. Mit der Fotografie bin ich schon früh in Kontakt gekommen, und nachdem ich an der Hochschule Darmstadt

Film studiert hatte, machte ich mein Hobby zum Beruf. Nach und nach hatte sich herauskristallisiert, dass ich für mein Leben gern fotografiere. Mein Herz habe ich mittlerweile vollkommen der Fotografie geschenkt. Schon immer hatte es mich fasziniert, neue Menschen kennenzulernen und mit ihnen arbeiten zu dürfen. Seitdem träumte ich von nichts anderem als meinem eigenen Studio. Genau diesen Traum habe ich mir erfüllt – mein eigenes Tageslicht-Atelier.

Mittlerweile coache ich über 500 Hobby- und Berufsfotografen jährlich in Workshops und Personal Coachings. Ich bin dazu im gesamten deutschsprachigen Raum unterwegs und ich muss sagen – ich liebe es! Ich liebe es zu sehen, wie Menschen ihren fotografischen Zielen einen Schritt näherkommen. Genau deswegen schreibe ich dieses Buch – um auch dich deinen Zielen näherzubringen.

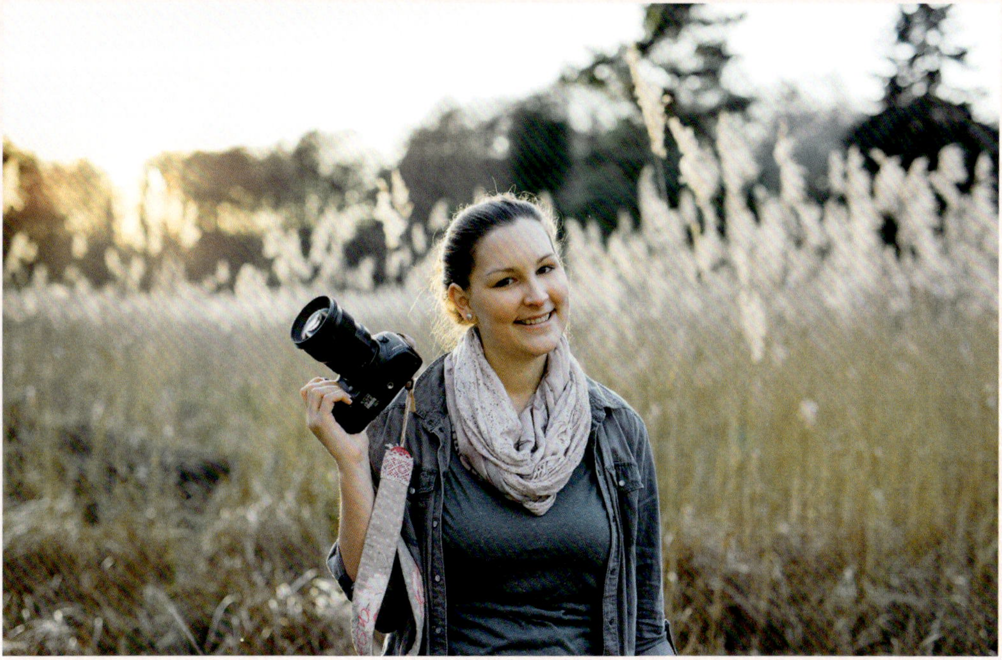

Mein Versprechen an dich

Du solltest dieses Buch natürlich nicht nur lesen, sondern die Dinge auch ausgiebig üben und ausprobieren. Nichts hilft mehr, als Theorie in die Praxis umzusetzen. Nur so kannst du auch Fehler machen – und aus Fehlern lernt man schließlich. Allerdings ist mein Versprechen an dich, wenn du genau das tust, ein sehr großes:

Ich verspreche dir, dass du manuell fotografieren lernst und den Blick dafür bekommst, welches Licht und welche Location für das von dir gewünschte emotionale Porträt wichtig ist. Du erlernst, wie du eine Person richtig positionierst und den richtigen Bildausschnitt wählst, um die Person vorteilhaft abzulichten. Du erfährst außerdem, auf welche Details ich Wert lege und worauf es ankommt, um ein sinnliches Porträt zu erstellen. Dafür habe ich sowohl fertig bearbeitete Bilder zum Erklären genutzt als auch Bilder, die komplett unbearbeitet sind und nur zur Veranschaulichung dienen.

Wenn du dieses Buch ausgiebig durcharbeitest und alles ausprobierst, wirst du selbst emotionale Porträts erstellen können und genau wissen, worauf es ankommt. Ich habe Wert darauf gelegt, in einfachen Worten zu sprechen. Meine Vergleiche sind vielleicht manchmal zum Schmunzeln, dafür aber verständlich. Ich denke, du stimmst mir zu, dass das zum Erklären der bessere Weg ist, oder?

Wir machen einfach einen Deal: Du übst die von mir beschriebenen Dinge ausgiebig, und ich halte mein Versprechen.

Viel Spaß beim Fotografieren und Kreativsein wünscht dir

Deine
Nina Schnitzenbaumer

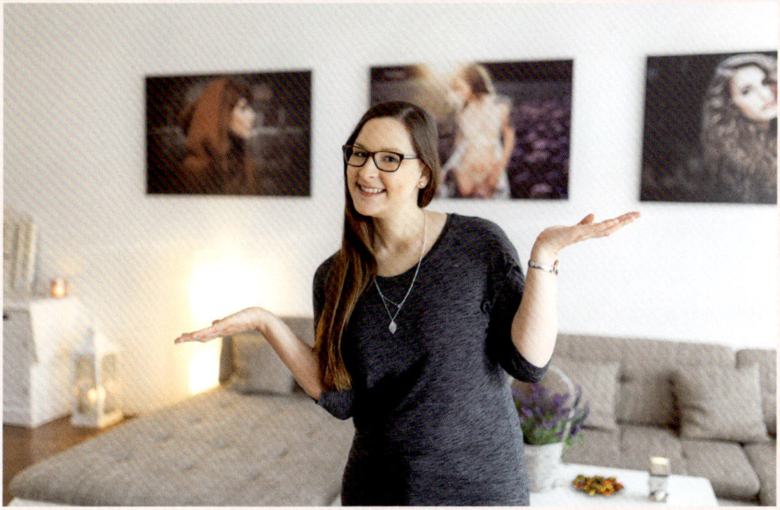

DIE TECHNIK

Zunächst lernst du die Funktionsweise deiner Kamera kennen. Du erfährst unter anderem, was Blende, Belichtung und ISO sind, was es mit dem Weißabgleich auf sich hat und warum es bei der Porträtfotografie Sinn macht, im manuellen Modus zu fotografieren.

Welche Kamera?

Am Anfang steht die Entscheidung, welche Kamera es überhaupt sein soll. In der heutigen Zeit gibt es so gut wie keine Kamera mehr, die wirklich schlecht ist. Auch Einsteigerkameras haben eine tolle Qualität und sind zum Üben und Ausprobieren perfekt.

Viel wichtiger ist es, dass du dich mit deiner Kamera wohlfühlst. Geh am besten in einen Fotoladen in deiner Nähe und schau dir verschiedene Modelle an. Nimm sie in die Hand und mache einige Bilder. Wichtig ist, dass die Kamera gut in deiner Hand liegt und du dich damit wohlfühlst.

Welches Objektiv?

Wenn du eine Spiegelreflexkamera kaufst, ist oft standardmäßig ein Kit-Objektiv dabei (z. B. 18–55 mm) Bei diesen Objektiven gibt es aber eine negative Eigenschaft, die nicht vorteilhaft ist. Sie haben oft keine durchgängige Blende. Das bedeutet: Sobald du die Brennweite

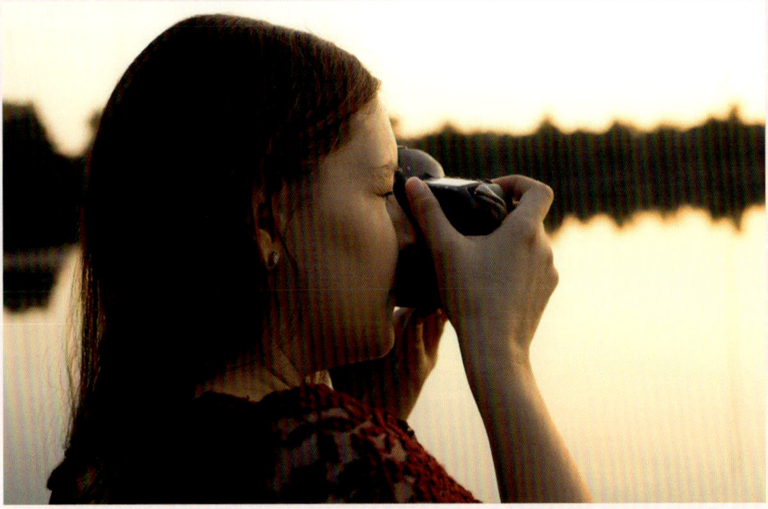

veränderst, verändert sich automatisch auch die Blende. Meistens ist man dann verwirrt, warum das Bild jetzt schon wieder anders ist, obwohl man alles richtig gemacht hat.

Du solltest Wert darauf legen, mit einer Festbrennweite zu fotografieren. Festbrennweiten, also Objektive mit einer festen Brennweiteneinstellung, haben eine bessere Abbildungsleistung als Zoom-Objektive. Ihre Linsen sind perfekt aufeinander abgestimmt und extra für diese eine Brennweite verbaut.

Diese Objektive haben eine durchgängige Blende und meist auch eine sehr hohe Lichtstärke. Hier gibt es schon günstige und gute Einsteigermodelle, wie z. B. das 50 mm f/1.8.

DAS OBJEKTIV IST WICHTIGER

Wenn du gerade erst in die Fotografie einsteigst, lege mehr Wert auf das Objektiv als auf die Kamera.

Blende

Stell dir vor, du stehst vor einer großen schwarzen Wand. In der Mitte dieser schwarzen Wand ist ein kleines Loch, durch das Licht fällt. Wenn das Loch nun sehr klein ist, fällt wenig Licht durch. Ist es sehr groß, fällt viel Licht durch. Genau so verhält es sich mit der Blende. Ist sie weit geöffnet, fällt viel Licht auf den Sensor. Ist sie geschlossen, fällt wenig Licht auf den Sensor.

Zusätzlich kann die Blende die Unschärfe im Hintergrund regeln. Bei jedem Bild gibt es einen Schärfebereich. Dieser Bereich bestimmt, was scharf abgebildet wird und was in der Unschärfe dargestellt wird. Ist die Blende offen, kann der Schärfebereich sehr klein sein. Wovon der Schärfebereich noch abhängt, erfährst du im weiteren Verlauf dieses Buches.

Ich gebe dir am besten ein Beispiel: Du möchtest ein Bild machen, bei dem die Augen – logischerweise – scharf sind. Also fokussierst du auf das vordere Auge mit offener Blende. Es kann nun sein, dass die Nase unscharf dargestellt wird. Woran liegt das? Der Schärfebereich ist so klein, dass die Nase nicht mehr in diesen Schärfebereich fällt. Blendest du nun etwas ab, machst also die Blende etwas kleiner, vergrößert sich der Schärfebereich, und die Nase erscheint zusätzlich scharf.

Sieh dir dazu die folgenden Bilder an: Im ersten Beispiel ist sie f/8.0, also: geschlossene Blende, wenig Licht kommt auf den Sensor, großer Schärfebereich. Im zweiten Beispiel ist die Blende f/1.4, das heißt: offene Blende, viel Licht kommt auf den Sensor, kleiner Schärfebereich.

> **!** Die Blende bestimmt, wie viel Licht auf den Sensor trifft und wie groß der Schärfebereich ist.

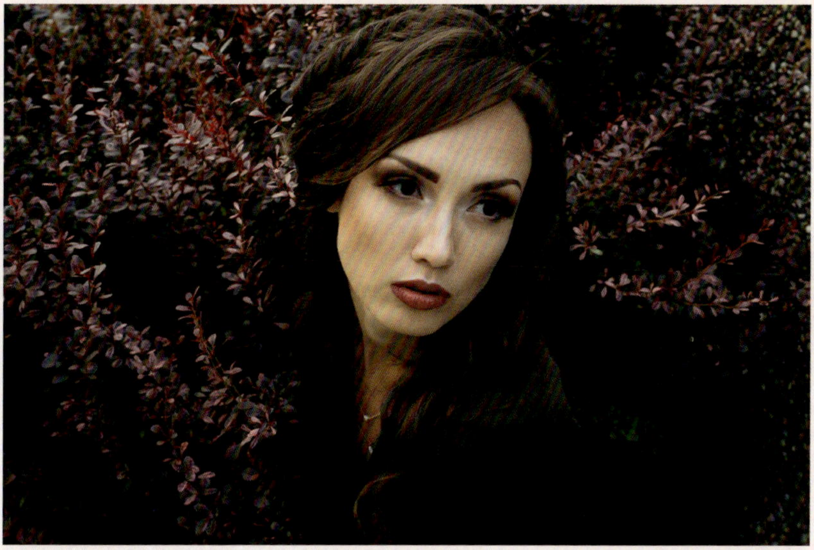

50 mm f/8.0: geschlossene Blende, großer Schärfebereich

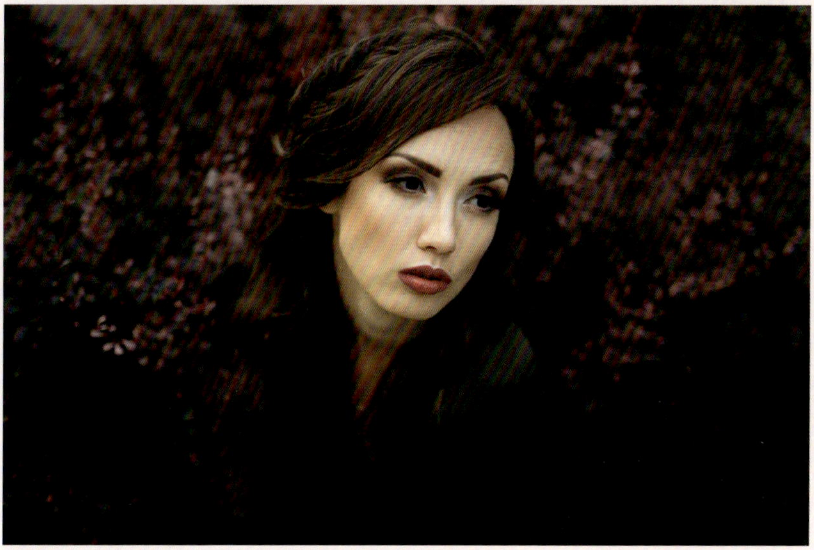

50 mm f/1.4: offene Blende, kleiner Schärfebereich

Belichtungszeit

Stell dir noch einmal vor, du stehst vor der schwarzen Wand mit dem Loch. Dann halte deine Hand davor, sodass du jetzt das Loch schließen und wieder freigeben kannst. Wenn du das Loch lange offen hältst, fällt viel Licht durch. Ist das Loch nur kurz offen, kann in dieser Zeit nur wenig Licht hineinfallen. Genau das beschreibt perfekt die Belichtungszeit: Sie bestimmt, wie lange das Licht auf den Sensor trifft.

! Die Belichtungszeit bestimmt, wie lange das Licht auf den Sensor trifft.

Verwackelte Bilder

Bestimmt kennst du das: Ein Bild ist verwackelt. (Wer kennt das nicht!) Ich will dir kurz erklären, wie das Verwackeln zustande kommt. Stell dir vor, du stehst an einem Fluss. Weiter oben setzt jemand ein kleines Papierschiffchen in den Fluss, das nun langsam auf dich zukommt. Du willst dieses Papierschiffchen in voller Fahrt fotografieren. Was passiert jetzt, wenn du an der Kamera eine Belichtungszeit von zwei Sekunden einstellst? So lange, wie das Bild „dauert", so lange nimmst du das Schiffchen auf, also zwei Sekunden lang – und genau diesen Weg, den das Schiff in dieser Zeit zurücklegt, hast du dann auf deiner Kamera aufgenommen. Es ist quasi kein eingefrorener Moment, sondern ein Weg, der in der Zeit vollzogen wurde. Dieser Weg wird im folgenden Bild als „Schlieren" sichtbar. Das ist für bestimmte Langzeitbelichtungen ideal, bei Porträts ist es jedoch wichtig, dass unser Model scharf erscheint, von der Belichtungszeit quasi eingefroren wird und keine Schlieren sichtbar sind.

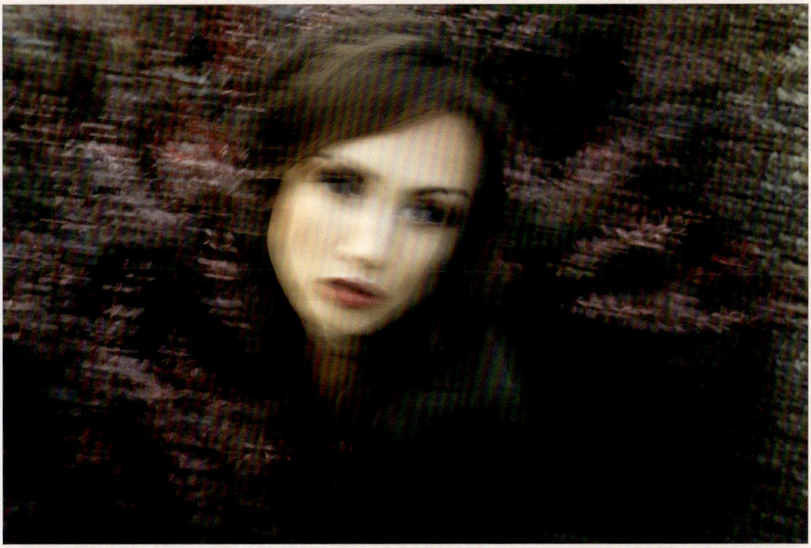

Die Belichtungszeit von 0,4 s war hier zu lang, das Bild ist verwackelt

Übrigens erhältst du auch Schlieren, wenn du mit der Kamera wackelst. Du solltest also bei Aufnahmen mit einer langen Belichtungszeit darauf achten, deine Kamera z. B. auf einem Stativ zu fixieren.

Fassen wir zusammen: Achte bei Porträts also darauf, dass die Belichtungszeit kurz genug ist. Doch was heißt „kurz genug“? Gibt es eine Regel, wann die Zeit „kurz genug“ ist? Ja! Sie klingt für den Anfang immer erst mal sehr kompliziert, da sie sich sehr technisch anhört: Die Belichtungszeit sollte bei Porträts nicht kürzer als der Kehrwert der Brennweite sein.

Was bedeutet diese Regel nun für unsere Porträts? Bei einem 50-mm-Objektiv sollte die Belichtungszeit nicht länger als 1/50 s sein, bei 100 mm nicht länger als 1/100 s usw. Achte also immer darauf, mit welcher Brennweite du gerade fotografierst. Sie entscheidet darüber, welche Belichtungszeit du nicht unterschreiten darfst.

Die Belichtungszeit wird übrigens in Sekunden (s) angegeben. Da du jedoch ein sehr kurz belichtetes Bild machen möchtest, damit das Bild nicht verwackelt, werden daraus Brüche. Es wird also nicht eine Sekunde belichtet, sondern 1/100 s. Manche Kameramodelle zeigen diesen Bruch allerdings nicht an, sondern sie zeigen dir nur die 100 an, je nach Modell. Dir sollte also bewusst sein, dass hiermit 1/100 s gemeint ist.

Welche Zeit ist nun länger? 1/80 s oder 1/120 s? Um dir eine Eselsbrücke zu bauen, denk einfach an ein Stück Kuchen. Was ist größer: ½ Stück Kuchen oder ¼ Stück Kuchen? Dann wirst du relativ schnell darauf kommen, dass 1/120 s kleiner bzw. kürzer ist als 1/80 s.

WACKLER VERMEIDEN

Du bist sehr wacklig beim Fotografieren? Um deine eigenen Wackler noch mit auszugleichen, kannst du als maximale Belichtungszeit den doppelten Kehrwert der Brennweite nehmen. Das bedeutet bei 50 mm nicht länger als 1/100 s, bei 100 mm nicht länger als 1/200 s usw.

Wenn du keine Vollformat-Kamera hast, solltest du auch eine kürzere Belichtungszeit einstellen, da die Verwacklungsgefahr aufgrund des Crop-Faktors (den erkläre ich dir später) höher ist. Beispiel: Bei einer 50-mm-Brennweite an einer Canon-Kamera wäre das also nicht nur 1/50 s, sondern etwa 1/80 s. Mit noch kürzeren Verschlusszeiten bist du auf der sicheren Seite.

Denk immer dran: Diese Regel gilt nicht für Dinge, die sich schnell bewegen, z. B. schnelle Tiere oder rennende Kinder. Je schneller sich etwas bewegt, desto kürzer muss die Belichtungszeit sein!

Wie stellst du nun die Belichtungszeit perfekt für dein Foto ein? Keine Sorge! Im weiteren Verlauf dieses Buches gehe ich noch genau darauf ein.

ISO-Wert

ISO NIEDRIG HALTEN!

Versuche immer, den ISO-Wert so niedrig wie möglich zu halten, um Bildrauschen zu vermeiden.

Der ISO-Wert ist eine „Hilfe" der Kamera, wenn von außen durch Blende und Belichtungszeit nicht genug Licht ankommt. Das heißt: Je höher du den ISO-Wert stellst, desto heller wird das Bild. Je niedriger er ist, desto dunkler wird das Bild.

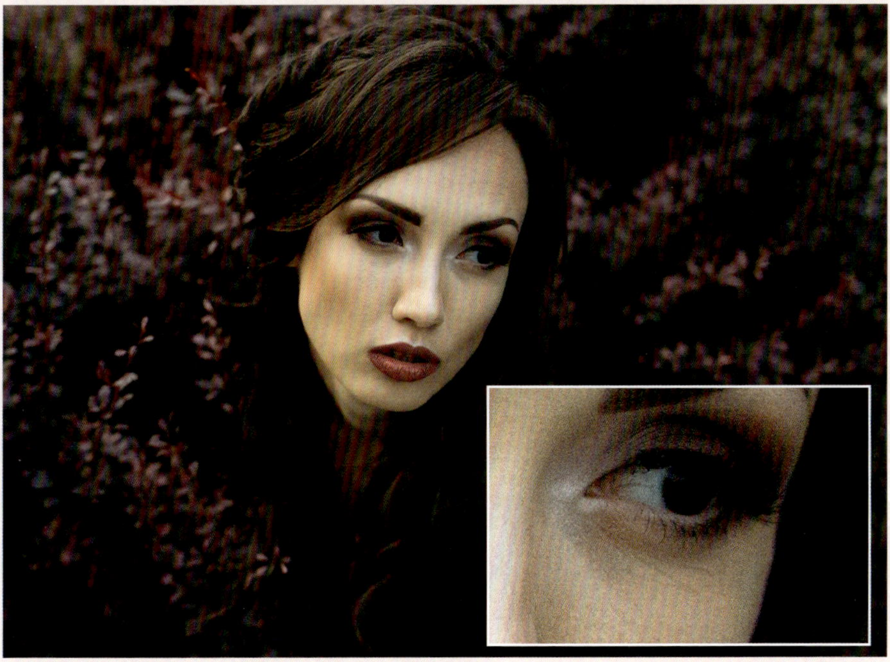

Weil der ISO-Wert sehr hoch gewählt war (ISO 4000), macht sich in der Vergrößerung das Rauschen stark bemerkbar.

Wenn wir den ISO-Wert höher einstellen, fängt das Bild jedoch an zu „krisseln“. In der Fotografie wird dieses Krisseln Rauschen genannt. Je höher, also empfindlicher der ISO eingestellt ist, desto mehr Rauschen findest du in deinem Bild. Das Bild wirkt somit auch etwas unschärfer. Du solltest daher versuchen, den ISO-Wert so niedrig wie möglich zu halten (z. B. ISO 100, aber möglichst nicht darunter, sonst verschlechtert sich die Bildqualität). Manchmal geht es aber leider nicht anders: Zum Beispiel in sehr dunklen Räumen muss man einen hohen ISO wählen, sonst ist das Bild zu dunkel.

DEN MANUELLEN MODUS EINSTELLEN

Achte beim manuellen Fotografieren darauf, dass deine Kamera auf den Modus M (am Drehrädchen oben an der Kamera) gestellt ist. So kannst du dein Bild individuell mit Blende, Belichtungszeit und ISO einstellen.

Belichtungsmesser

Da wir bei der emotionalen Porträtfotografie manuell fotografieren und alle Werte selbst einstellen, brauchen wir ein Messgerät, das uns sagt, ob unser Bild zu hell oder zu dunkel ist. Woher genau wissen wir, ob unser Bild die richtige Helligkeit besitzt? Deine Kamera sagt dir mit dem sogenannten Belichtungsmesser, ob das Bild zu hell oder zu dunkel ist.

Es gibt vier verschiedene Modi, um die Helligkeit deines Motivs zu messen: Die Mehrfeld-, die Spot-, die Selektiv- und die mittenbetonte Integralmessung. Ich empfehle dir, die Mehrfeldmessung einzustellen. Sie ist die komplexeste Belichtungsmessung und erzielt meist sehr gute Ergebnisse.

Richte die Kamera auf die Person, die du fotografieren möchtest. Drücke nun den Auslöser halb durch, um zu fokussieren. In diesem Moment misst deine Kamera das einfallende Licht bzw. die Helligkeit. Schau nun durch deinen Sucher und achte auf den Belichtungsmesser. Sieh am besten in deinem Handbuch nach, wo sich dieser bei deinem Kameramodell befindet. Oft ist er am unteren Rand, bei manchen Kameras aber auch an der Seite.

Auch wie dir dort die Helligkeit angezeigt wird, kann variieren. Meist ist auf einer Seite des Balkens ein +, auf der anderen ein –. Wenn der kleine Messer, der dort hin und her wandert, in der Mitte ist, ist dein Bild laut Kamera richtig belichtet.

Auch hier kannst du kreativ arbeiten. Wenn du gerne etwas dunkler fotografieren möchtest, dann achte darauf, dass der Messer etwas im Minusbereich ist. Wenn du gerne heller fotografierst, dann achte darauf, dass er im Plusbereich ist. Ich persönlich bevorzuge es bei meinen Bildern, ein bis zwei Striche im Minus zu fotografieren.

Wie genau du nun mit dem Belichtungsmesser kreativ arbeiten kannst und dein Bild manuell bestimmst, darauf gehe ich im weiteren Verlauf des Buches noch genauer beim Thema „Manuell fotografieren“ ein.

DER BELICHTUNGSMESSER

Achte beim manuellen Fotografieren immer auf den Belichtungsmesser. Er sagt dir, wie hell oder dunkel dein fertiges Bild sein wird.

Weißabgleich

Der Weißabgleich bestimmt, wie „warm“ oder „kühl“ dein Bild ist. Bestimmt kennst du das, wenn die Gesichter der Personen zu gelb oder zu blau sind. Dann ist der Weißabgleich schuld. Ich stelle ihn gern manuell ein, um die für mich passende Stimmung im Bild zu erzeugen. Der Weißabgleich wird in Kelvin angegeben. 5500 K entsprechen Tageslicht.

Zum Glück haben wir heutzutage mit den Digitalkameras die Möglichkeit, das Bild direkt auf dem Display anzuschauen und zu optimieren. Allerdings gibt es oft leider keine Möglichkeit, die Kelvinzahl komplett manuell einzustellen, sondern nur verschiedene Standardmodi, die du auswählen kannst. Wähle für Porträts einen eher warmen Weißabgleich (z. B. 6000 K). Diesen kannst du entweder manuell einstellen (insofern das bei deiner Kamera möglich ist) oder einen voreingestellten Modus wählen, der ungefähr bei dieser Kelvinzahl liegt.

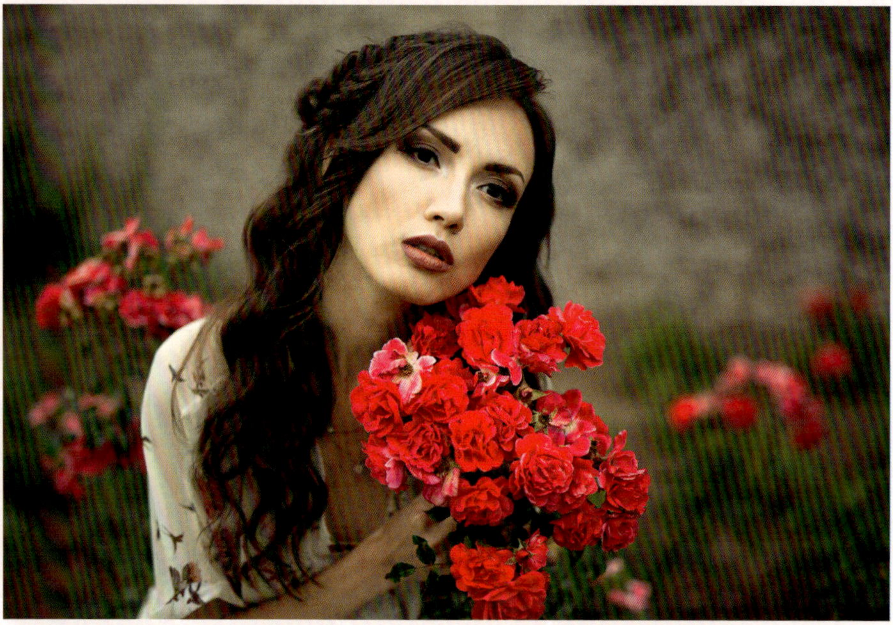

Passender Weißabgleich (6000 K)

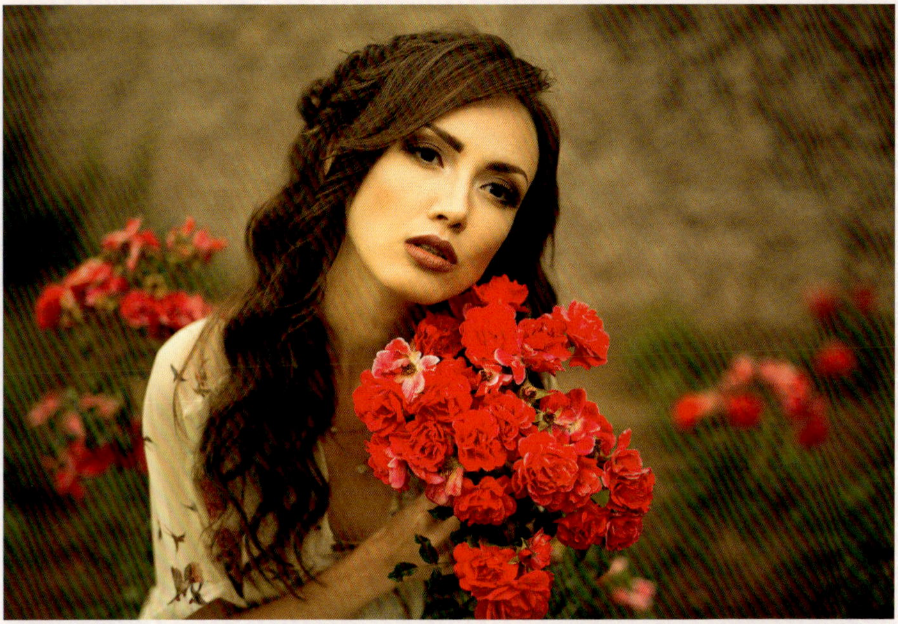

Warmer Weißabgleich (10.000 K)

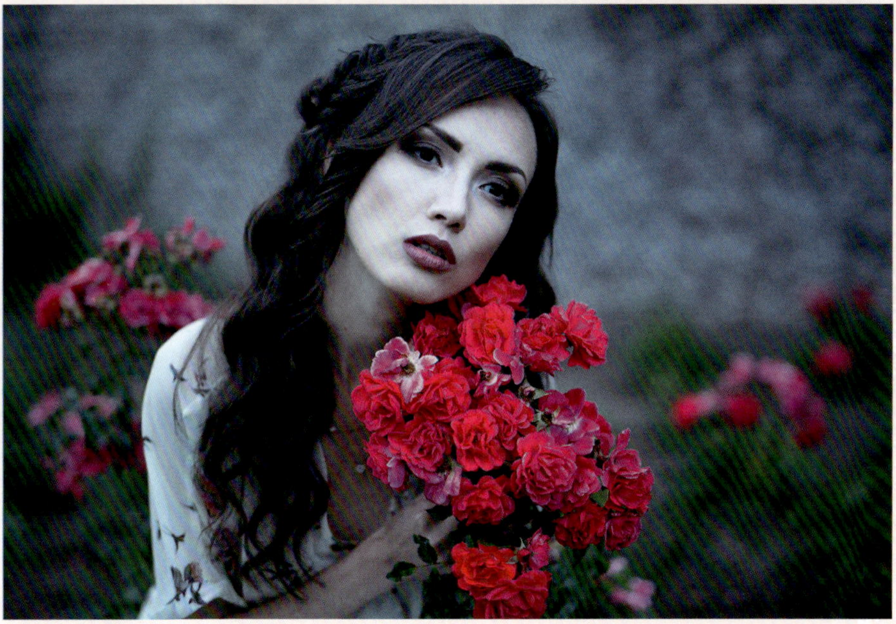

Kühler Weißabgeich (3500 K)

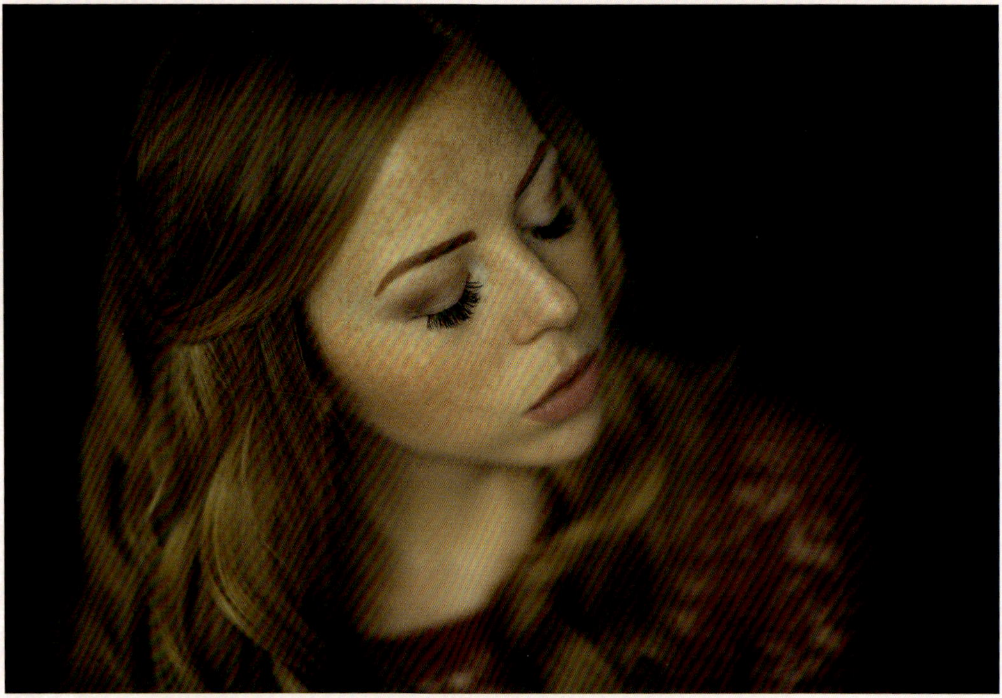

Das vordere Auge ist fokussiert: Die Unschärfe wirkt natürlich

Autofokus

Achte beim Fotografieren darauf, dass du stets den Autofokus deiner Kamera nutzt. An deinem Objektiv sollte der Autofokusregler auf automatisch stehen, nicht auf manuell. Stelle allerdings den Fokuspunkt, der scharf sein soll, in der Kamera für jedes Bild manuell ein! So kannst du die Bildwirkung beeinflussen und bestimmen, welcher Punkt in deinem Bild scharf sein soll. Verschiebe in der Einstellung „Einzel-AF" den Fokuspunkt auf das vordere Auge der Person. Sieh in deinem Handbuch nach, wo bzw. wie du diesen Fokuspunkt verschieben kannst.

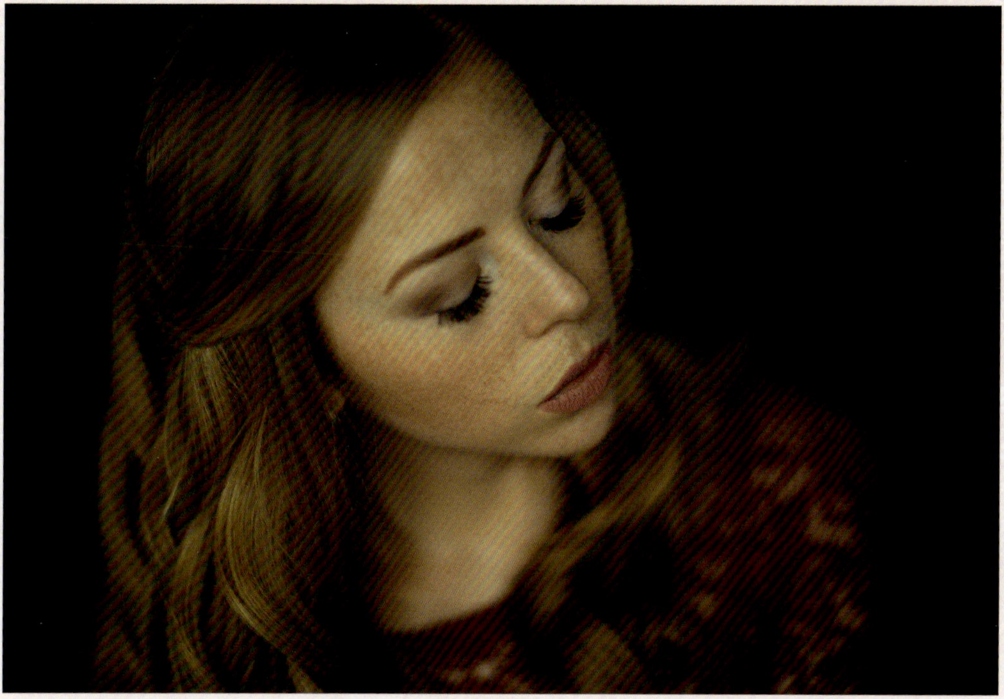

Das hintere Auge ist fokussiert: Das Gesicht wirkt auf den ersten Blick unscharf

DAS VORDERE AUGE

Fokussiere immer das Auge der Person, das näher an der Kamera ist (z. B. wenn die Person schräg steht) So wirkt die restliche Unschärfe natürlich, da wir auch im Alltag mit unseren Augen immer das Auge einer Person fokussieren, das näher zu uns liegt.

Du solltest bei Festbrennweiten mit offener Blende darauf achten, den Fokus nicht zu „ziehen". Also nicht zuerst fokussieren und dann erst den Bildausschnitt wählen. Der Schärfebereich deines Bildes liegt parallel zur Glasscheibe deines Objektivs. Schwenkst du nun mit deiner Kamera, nachdem du fokussiert hast, kann es sein, dass du den Fokusbereich nicht parallel verschiebst. So kann es durchaus passieren, dass plötzlich die Nase anstatt der Augen scharf ist. Suche immer zuerst deinen Bildausschnitt und wähle dann den entsprechenden Fokuspunkt.

Sollte es passieren, dass dein Bild trotzdem unscharf ist, solltest du es mit dem mittleren Fokuspunkt versuchen. Er ist der stärkste Fokuspunkt mit den besten Ergebnissen.

RAW oder JPG?

Wenn du deine Bilder im Nachhinein noch bearbeiten möchtest, solltest du in RAW fotografieren. RAW besitzt viel mehr Bildinformationen als JPG. Du kannst viele Dinge wie z. B. die Helligkeit oder den Kontrast nachträglich noch optimieren. Bei JPG wird das schwierig, es ist quasi schon das „fertige Bild".

JPG wird von der Kamera automatisch komprimiert. Eine JPG-Datei kann von jedem Computer gelesen und direkt angeschaut werden. RAW ist die „Rohversion" des Bildes, also komplett unkomprimiert. Die Datei ist zwar sehr groß, allerdings aufgrund der vielen Bildinformationen perfekt zur Bildbearbeitung geeignet.

Um eine solche RAW-Datei weiterzuverarbeiten, empfehle ich dir die Programme Lightroom oder Photoshop. Diese sind mittlerweile relativ günstig erhältlich und du kannst damit deine Bilder perfekt optimieren.

Wenn du kein Weiterverarbeitungsprogramm hast, fotografiere in JPG. Wenn du allerdings das Maximum aus deinem Bild herausholen willst, fotografiere in RAW und nutze anschließend ein Bildbearbeitungsprogramm zur weiteren Optimierung.

Brennweiten

Bei Objektiven gibt es verschiedene Brennweiten, die bestimmen, wie viel Bildausschnitt auf dem fertigen Bild zu sehen ist. Mit manchen Brennweiten kannst du bestimmte Dinge vergrößern, andere Brennweiten sind eher weitwinkliger.

Bei den folgenden Beispielbildern siehst du auch, wie sich die Unschärfe im Hintergrund mit verschiedenen Brennweiten ändert. Bei einem Weitwinkelobjektiv ist der Hintergrund sehr viel schärfer als bei einem Teleobjektiv. Wenn du eine Telebrennweite verwendest, musst du den Abstand zum Motiv vergrößern, um einen ähnlichen Bildausschnitt wie mit einem Weitwinkelobjektiv zu erhalten.

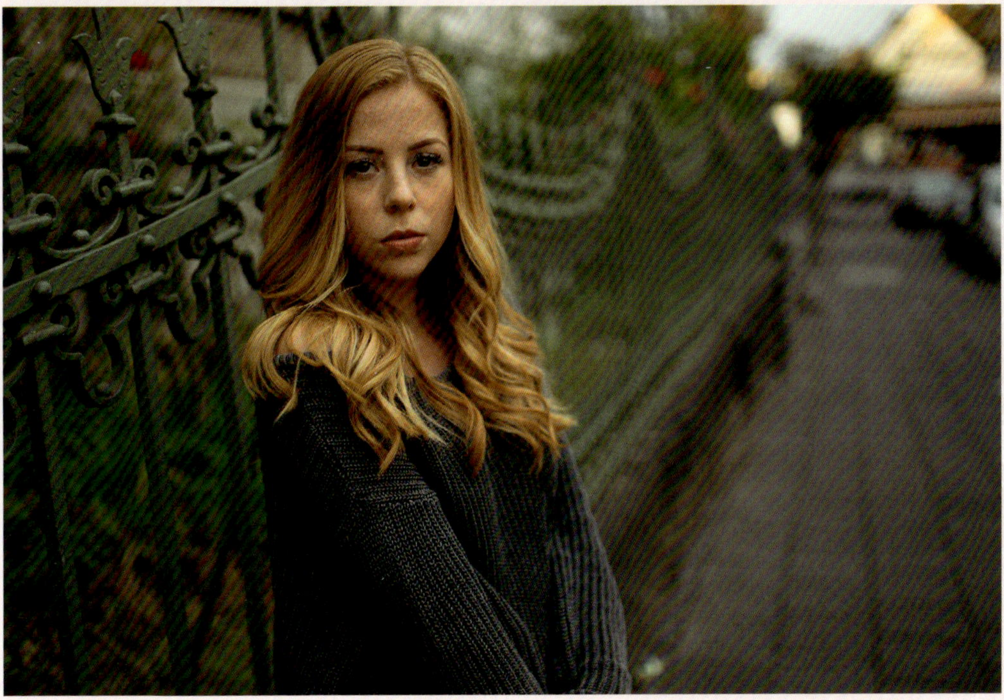

Brennweite 35 mm: Weitwinkelobjektiv

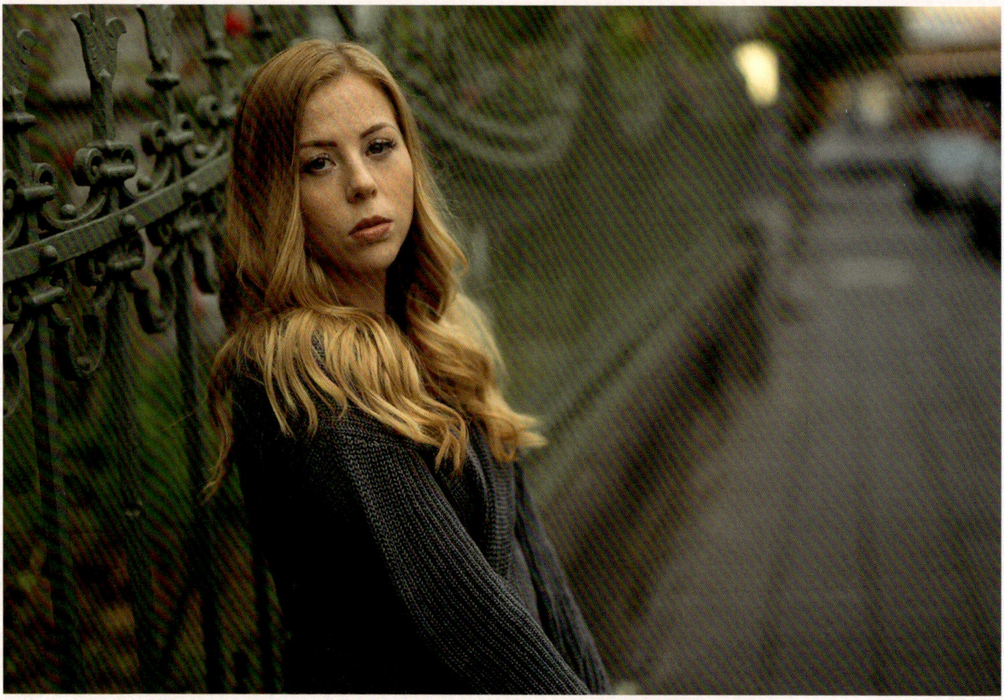

Brennweite 50 mm: Normalobjektiv

Ein Wert von 50 mm entspricht ungefähr dem menschlichen Blick. Es wird als natürlich wahrgenommen und ist weder sehr weitwinklig noch sehr rangezoomt. Ideal für Porträts.

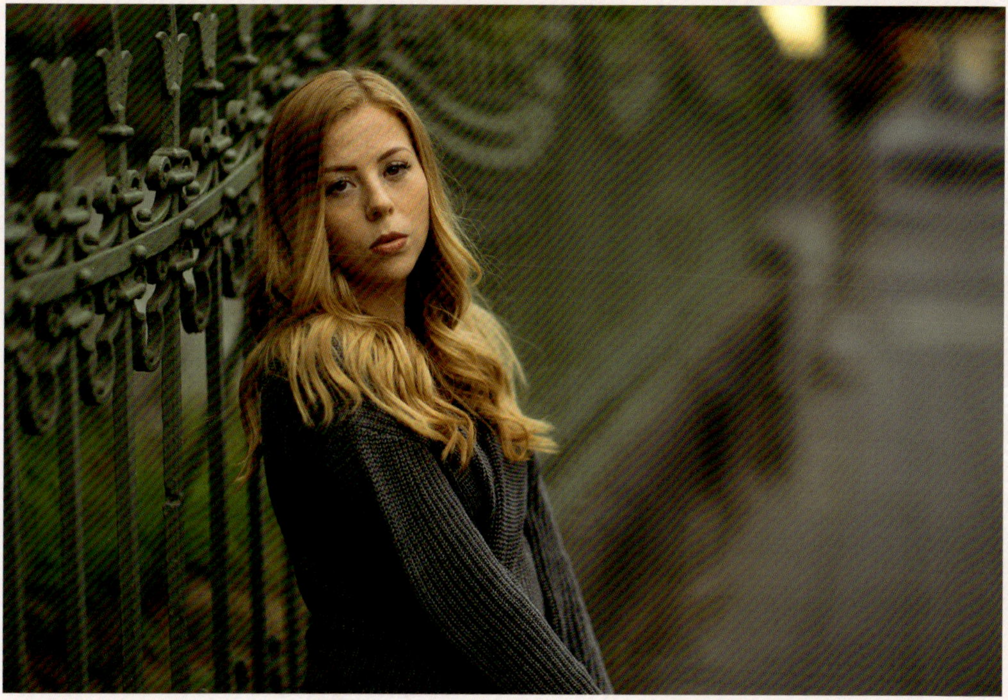

Brennweite 85 mm: Teleobjektiv

Ein Teleobjektiv holt weit entfernte Dinge sehr nah an die Kamera ran. Du blendest dadurch den Hintergrund schön aus und der Fokus liegt auf der Person. Sie wirkt herangezoomter. Der Schärfebereich ist kleiner, somit erscheinen dein Vorder- und Hintergrund unschärfer als bei einem Weitwinkelobjektiv – ideal für Porträts, da du den Hintergrund schön ausblenden kannst.

> **!** Je länger die Brennweite deines Objektivs, desto kleiner ist der Schärfebereich deines Bildes. Das heißt: Ein weitwinkliges Bild ist im Vorder- und Hintergrund schärfer als ein Bild, das mit einem Teleobjektiv aufgenommen wurde.

Crop Faktor

Um den Crop-Faktor richtig verstehen zu können, ist es wichtig, dass du weißt, dass es verschiedene Sensorgrößen gibt. Die meistverbreiteten Sensoren sind Vollformat-Sensoren und APS-C-Sensoren.

Nutzt du ein 50-mm-Objektiv an einer Kamera mit Vollformat-Sensor, zeigt das aufgenommene Bild den originalen Bildausschnitt einer 50-mm-Brennweite. Schraubst du nun das gleiche Objektiv an eine Kamera mit kleinerem Sensor, kann auch nur ein kleinerer Bildausschnitt aufgenommen werden. Das erkennst du sehr gut im folgenden Bild: Der graue kleinere Rahmen zeigt den Bildausschnitt einer APS-C-Kamera, der größere weiße Rahmen den einer Vollformat-Kamera.

Du musst also wissen, dass Bilder einer Kamera mit kleinerem Sensor bei gleicher Brennweite herangezoomter wirken als die Bilder einer Vollformat-Kamera.

Ein APS-C Sensor von z. B. einer Canon 700D ist um den Faktor 1,6 kleiner als der einer Vollformat-Kamera. Um herauszufinden, wie deine Brennweite auf dem fertigen Bild bei dieser Kamera wirkt, multipliziere einfach deine Brennweite mit dem Crop-Faktor. Um diesen herauszufinden, schaust du am besten in deinem Handbuch oder im Internet nach, denn er variiert je nach Kamera. Eine 50-mm-Brennweite hat somit auf einer Canon 700D den Bildausschnitt wie eine 80-mm-Brennweite auf einer Vollformat-Kamera (50 x 1,6).

DIE IDEALE BRENNWEITE FÜR PORTRÄTS

Nutze für deine Porträts entweder eine Normalbrennweite (50 mm) oder ein Teleobjektiv (z. B. 85 mm).

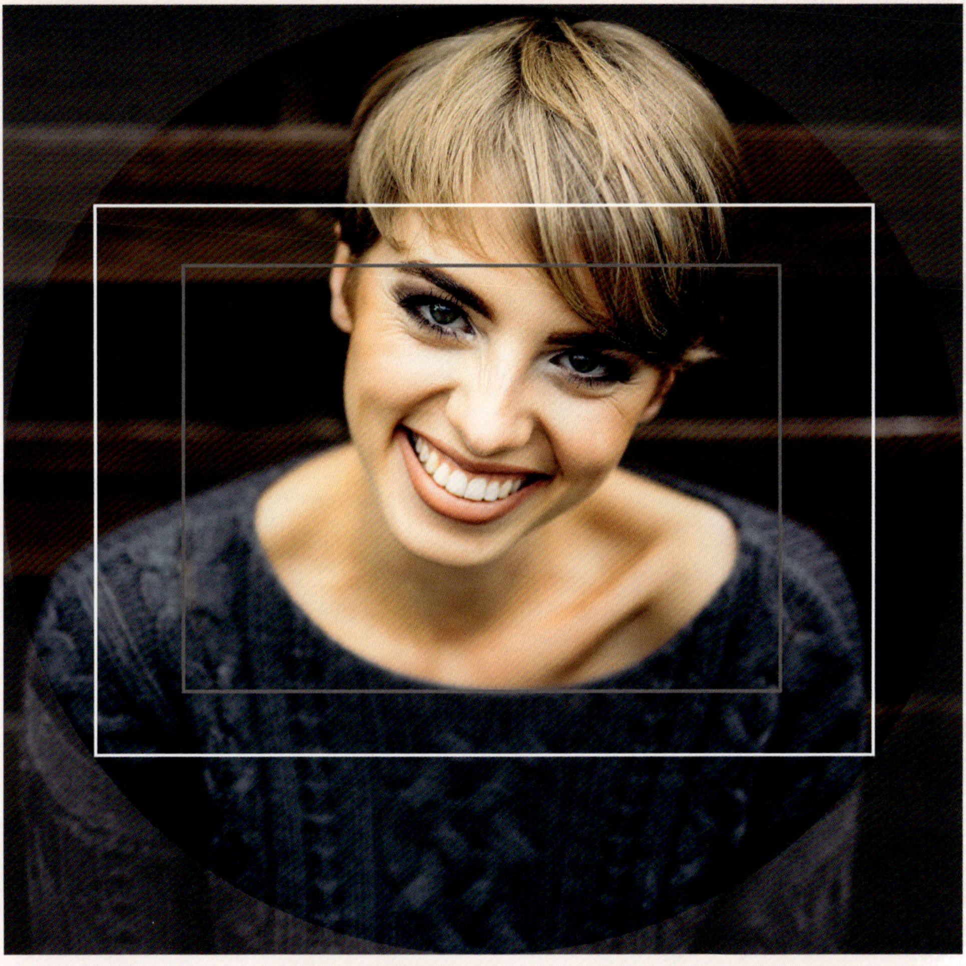

Vergleich Bildausschnitt APS-C/Vollformat: Das weiße Rechteck beschreibt den Bildausschnitt bei einer Vollformat-Kamera, das graue Rechteck den einer Kamera mit kleinerem Sensor

Übrigens: Die 50-mm-Brennweite bleibt immer eine 50-mm-Brennweite. Es wirkt lediglich so, als sei herangezoomt, da der Bildausschnitt geändert (verkleinert) wird.

Manuell fotografieren

Bei der emotionalen Porträtfotografie ist es am besten, manuell zu fotografieren, denn so erhältst du die volle Kontrolle über dein Bild. Um deine Kamera auf den manuellen Modus einzustellen, stelle sie auf den Modus M. Diesen findest du am Drehrädchen oben an der Kamera.

Du hast die einzelnen Faktoren, die für die Belichtung eines Bildes entscheidend sind, inzwischen kennengelernt. Doch wie werden diese kombiniert, um ein richtig belichtetes Foto im manuellen Modus zu machen?

Zuerst ist es wichtig, deine Kamera auf eine Art „Grundeinstellungen" einzustellen. Tu das vor jedem Foto. Das macht es am Anfang einfacher. Irgendwann wirst du merken, dass du die Grundeinstellungen nicht mehr brauchst, weil du vieles automatisch machst.

Zuerst ist es wichtig, eine Wunschblende einzustellen. Du möchtest ja eine bestimmte Unschärfe in deinem Bild erhalten, diese legst du hiermit fest. Danach stellst du deine maximal längste Belichtungszeit ein (Kehrwert der Brennweite) um das Maximum an Umgebungslicht einzufangen. Der ISO-Wert sollte ganz unten bleiben, um unnötiges Rauschen zu vermeiden; hier nimmst du am besten ISO 100. Diese Einstellungen sind, wie schon erwähnt, nur die Grundeinstellungen, nicht die Einstellungen, mit denen wir gleich unser Bild machen.

Wenn du jetzt auf dein Model fokussierst (halb auslösen), gibt es nur noch folgende Möglichkeiten: Entweder das Bild ist laut Kamera direkt richtig belichtet, der Belichtungsmesser am unteren Bildrand steht auf 0. Du kannst jetzt dein Bild machen. (Natürlich heißt dies nur, dass die Kamera der Meinung ist, dass dein Bild richtig belichtet ist. Hast du z. B. Gegenlicht oder sehr viele helle Bereiche im Bild, will deine Kamera auf 0 das Bild sehr dunkel belichten, um das auszugleichen. Wie ich bei Porträts vorgehe, um das Gesicht trotzdem hell zu gestalten, zeige ich dir später.)

Der Belichtungsmesser kann nun allerdings auch im Minus- oder im Plusbereich sein. Ist der Regler im Minusbereich, ist dein Bild noch zu dunkel. Welchen Regler solltest du nun umstellen? Die Blende möchtest du nicht verändern, denn sonst veränderst du den Schärfebereich im Bild. Die Belichtungszeit ist schon auf der maximalen Helligkeit, weil ansonsten das Bild verwackeln würde. Wir können also jetzt nur noch die Empfindlichkeit erhöhen, um unser Bild heller zu machen. Also stellst du den ISO-Wert so weit nach oben, bis dein Belichtungmesser auf 0 ist. Nun kannst du dein Bild machen.

Ist der Belichtungmesser dagegen im Plusbereich, wird das Bild also zu hell, kannst du auch hier nach dem Ausschlussverfahren vorgehen. Die Blende willst du nicht umstellen, da du sonst wieder deinen Schärfebereich veränderst. Der ISO-Wert ist mit 100 schon ganz unten, so geht es also nicht dunkler. Was ist also der einzige Wert, den du noch verändern kannst, um dein Bild dunkler zu machen? Genau, die Belichtungszeit. Diese stellst du nun so viel kürzer, bis dein Belichtungsmesser auf 0 steht.

Nach diesem Ausschlussverfahren ist es dir immer möglich, die perfekten Werte für alle drei Faktoren zu wählen.

Die richtigen Grundeinstellungen

1. Stell eine Wunschblende ein (je nachdem, wie groß dein Schärfebereich sein soll).
2. Wähle als Belichtungszeit den Kehrwert der Brennweite (bei 50 mm sind das 1/50 s).
3. Stell den ISO-Wert auf 100.
4. Fokussiere auf dein Objekt bzw. Model.
5. Schau auf den Belichtungsmesser.
6. Ist der Belichtungsmesser genau auf der 0, kannst du nun dein Bild machen.
7. Im Minusbereich → Erhöhe den ISO-Wert, bis der Regler auf 0 ist.
8. Im Plusbereich → Wähle die Belichtungszeit kürzer, bis der Regler auf 0 ist.
9. Drück auf den Auslöser!

Unschärfe erzeugen

Mit Unschärfe im Vorder- und Hintergrund hast du die Möglichkeit, den Blick des Betrachters zu führen. Als Betrachter achten wir zuerst auf die scharfen Bereiche des Bildes – der Blick wird somit direkt auf dein Model gelenkt.

Der Schärfebereich im Bild wird durch mehrere Faktoren bestimmt: Blende, Brennweite, den Abstand von dir zu deinem Model und dem deines Models zum Hintergrund und nicht zuletzt durch die Sensorgröße. Lass uns die Faktoren im Einzelnen anschauen.

Blende

Wie schon gesagt, je offener die Blende, desto kleiner ist der Schärfebereich deines Bildes. Wenn du also Unschärfe magst, so wie du sie bei meinen Bildern findest, solltest du die Blende möglichst offen halten (z. B. f/1.4 oder f/1.8) und stets auf die Augen fokussieren. So kannst du schön mit unscharfem Vorder- und Hintergrund arbeiten. Wenn du lieber auch einen scharfen Hintergrund möchtest, wähle eine geschlossene Blende, etwa f/8 oder geschlossener.

Brennweite

Du hast es eben auf den Beispielbildern im Kapitel „Brennweiten" schon super gesehen: Die Brennweite entscheidet zusätzlich, wie unscharf dein Hintergrund wird: Je weitwinkliger du fotografierst, desto schärfer ist dein Hintergrund (bei gleicher Blende und gleichem Abstand). Greife für viel Unschärfe also zu einem Objektiv mit einer langen Brennweite (über 50 mm).

Abstand Fotograf – Model

Die Entfernung zwischen Kamera und Motiv definiert die Unschärfe in deinem Bild. Ist das Model nah an deiner Kamera, erhältst du einen unscharfen Hintergrund. Ist das Model weit weg von der Kamera, erhältst du einen scharfen Hintergrund.

Abstand Model – Hintergrund

Die Unschärfe des Hintergrunds wird durch den Abstand zum Motiv bestimmt. Ist der Hintergrund nah am Motiv (Model lehnt an Mauer), so ist dieser schärfer; ist der Hintergrund weit weg vom Motiv, ist er unschärfer.

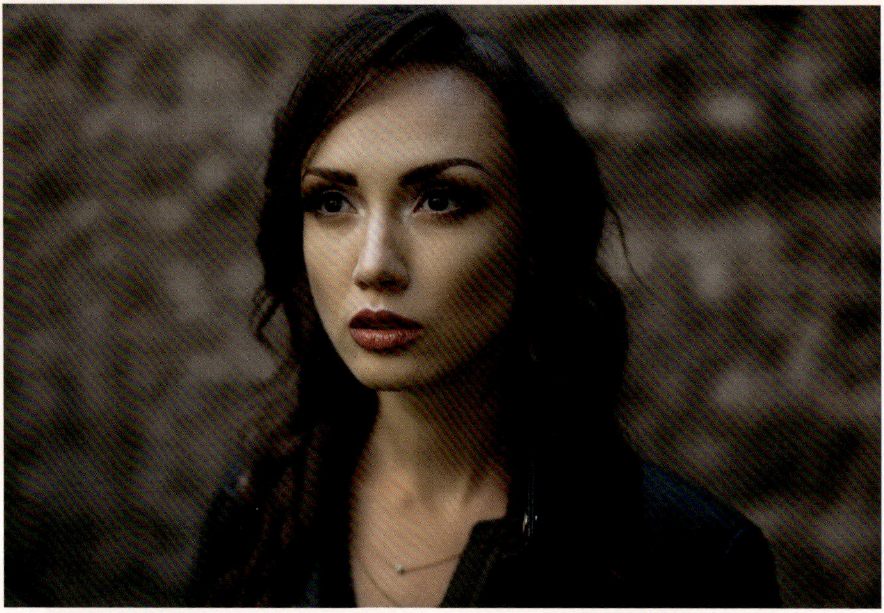

Abstand Fotograf – Model: ca. 0,5 m

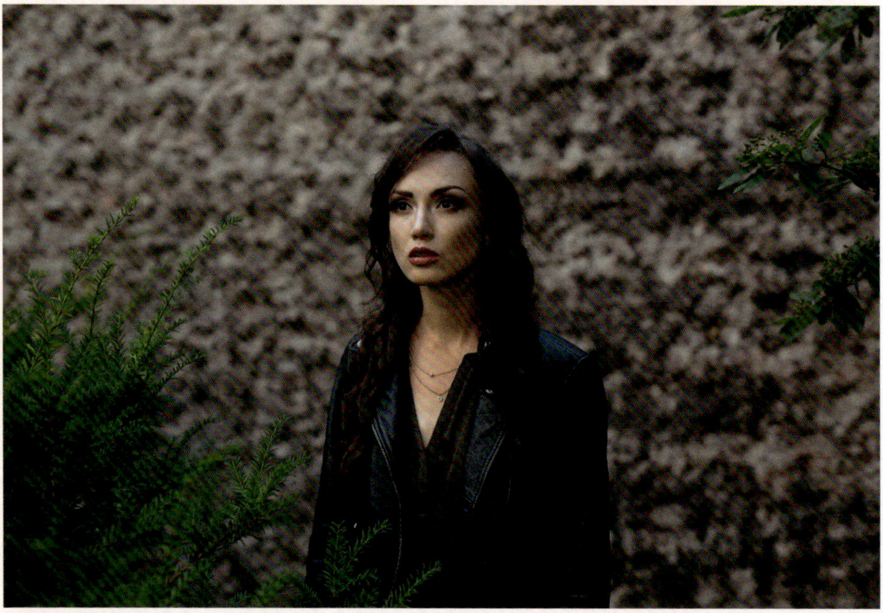

Abstand Fotograf – Model: ca. 3 m

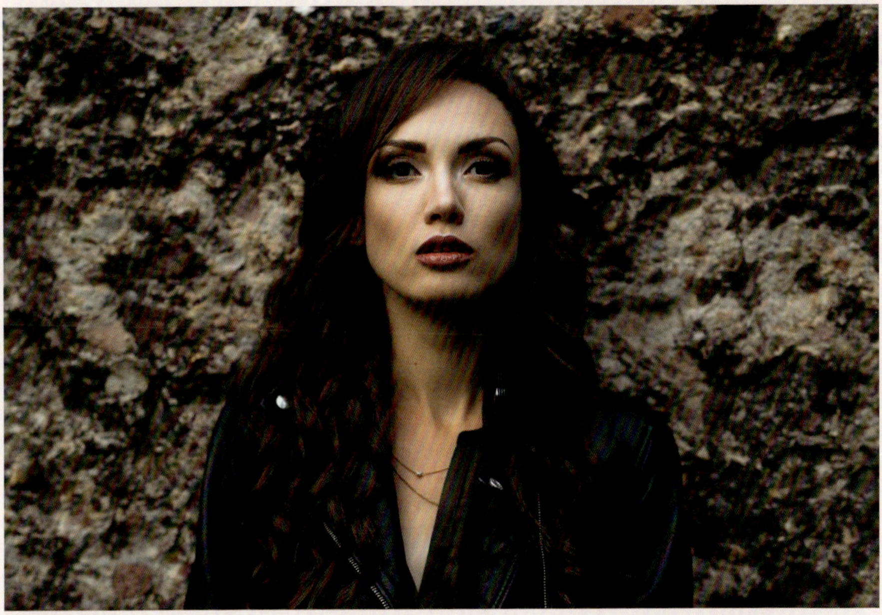

Model an Wand angelehnt

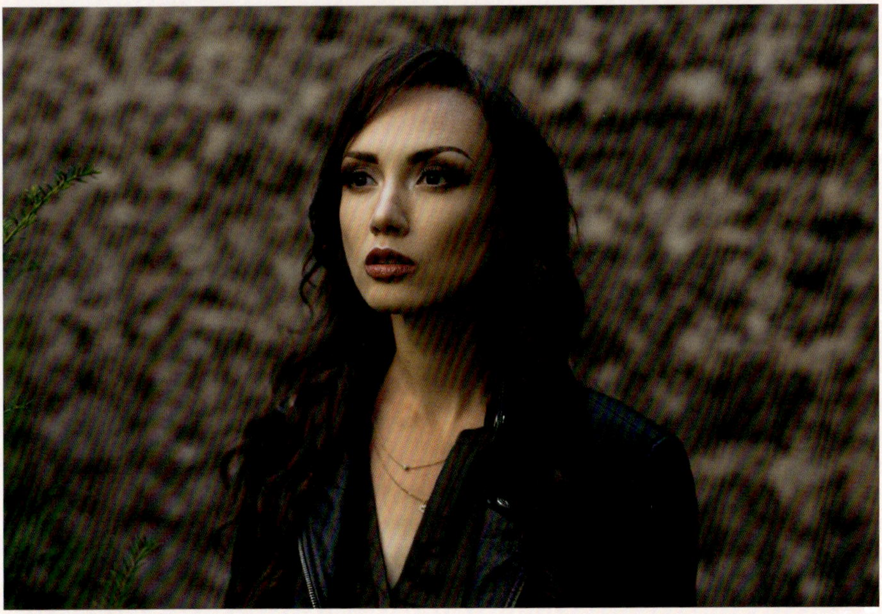

Abstand Model – Wand: ca. 2 m

Sensorgröße

Je größer der Sensor einer Kamera, desto mehr Unschärfe kannst du erzeugen und desto kleiner kannst du den Schärfebereich gestalten. Vielleicht ist dir schon aufgefallen, dass auf den Bildern deiner DSLR-Kamera der Hintergrund des Models generell unschärfer ist als auf denen, die du mit deinem Smartphone machst (siehe das folgende Bild). Das liegt an der Sensorgröße. Hier ist auch entscheidend, ob du eine Crop-Kamera oder eine Vollformat-Kamera hast. Vollformat-Kameras haben einen größeren Sensor, daher von Grund auf auch direkt mehr Unschärfe im Hintergrund.

> ! Der Schärfebereich in deinem Bild wird geregelt durch Blende, Brennweite, Abstand des Models zum Hintergrund, deinen Abstand zum Model und die Sensorgröße.

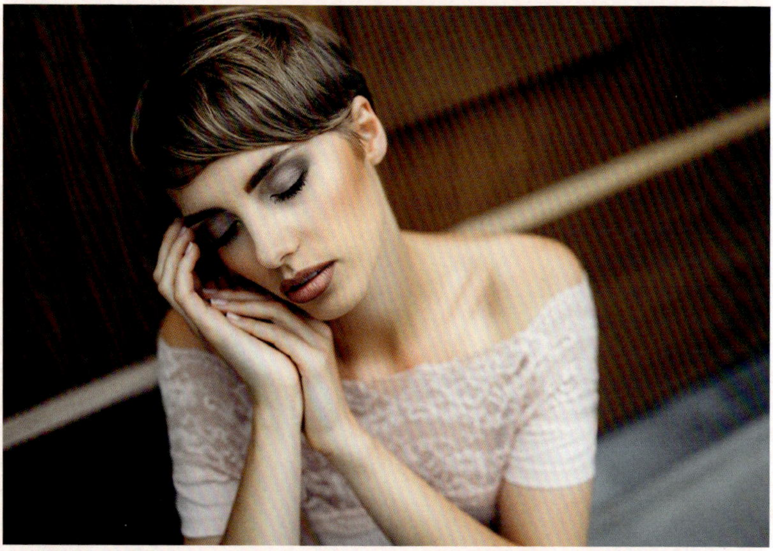

Bild gemacht mit einer Vollformatkamera. Aufgrund des großen Sensors (und Offenblende) wirkt der Hintergrund sehr unscharf (kleiner Schärfebereich).

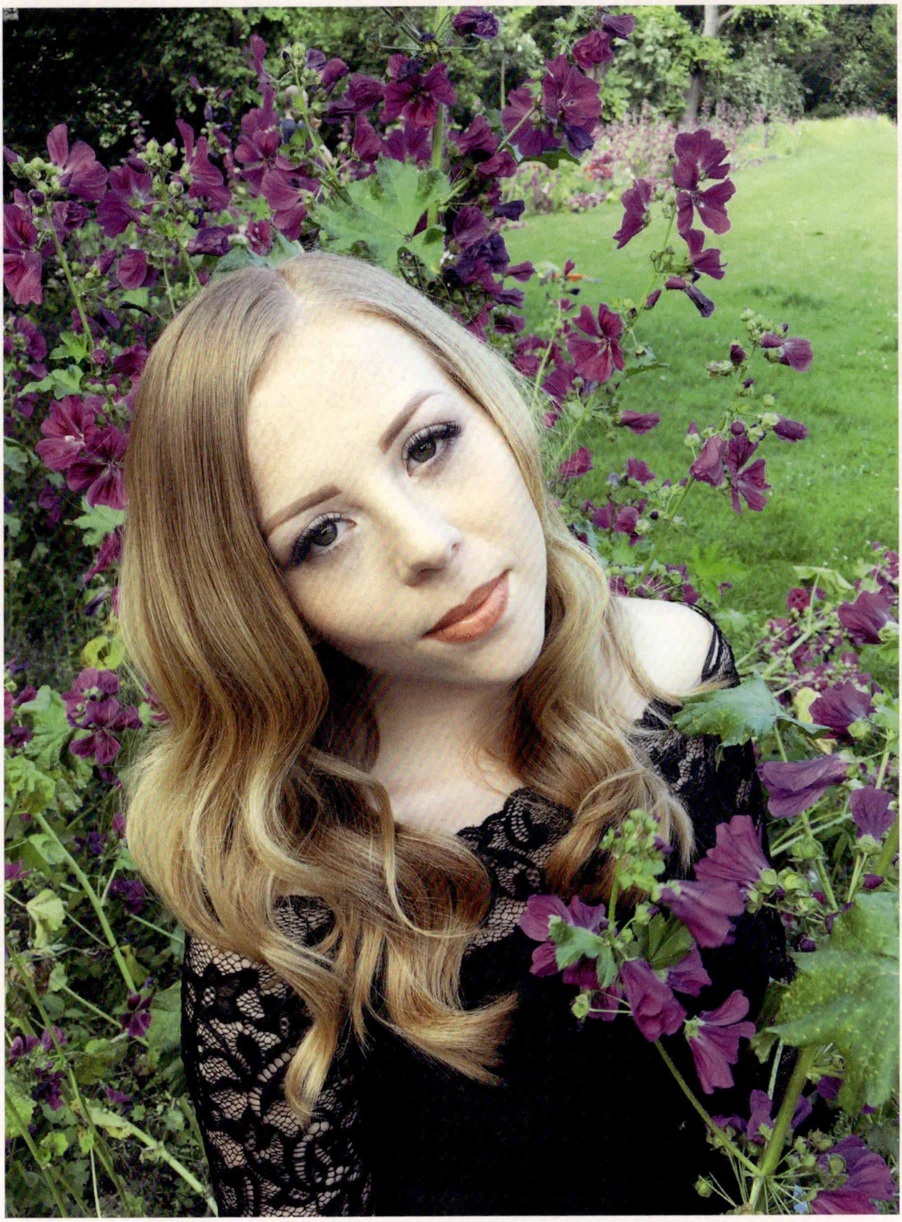

Bild gemacht mit einem iPhone 6 Plus: Alles im Hintergrund ist scharf erkennbar aufgrund des kleinen Sensors (großer Schärfebereich)

Schleiereffekt

Um kreativ zu arbeiten und deinen Bildern das gewisse Etwas zu verleihen, kannst du dir auch etwas vor die Linse halten. Das erzeugt Unschärfe im Vordergrund, die dann wie ein zarter Schleier über deinem Bild liegt. Dafür kannst du zum Beispiel kleine Blüten nutzen. So erzeugst du zusätzlich mehr Tiefe in deinem Bild, da sich nun vor und hinter deinem Model Unschärfe befindet.

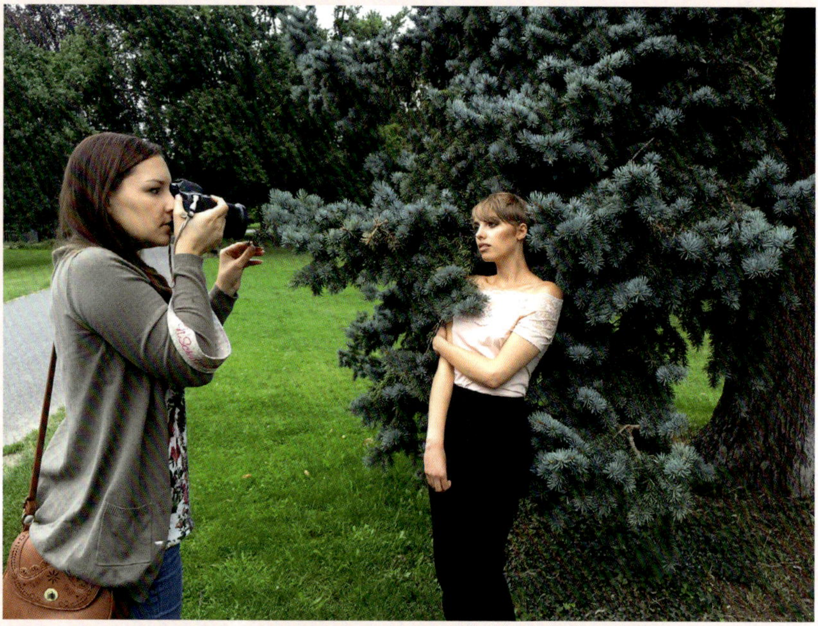

Zweig vor der Linse, um Unschärfe im Vordergrund zu erzeugen

Je kleiner das Objekt ist, das du dir vor die Linse hältst, eine desto schönere Unschärfe ergibt sich (z. B. sind viele kleine Blumen schöner als eine große Blume). Achte auch darauf, dass es farblich zum Ton des restlichen Bildes passt.

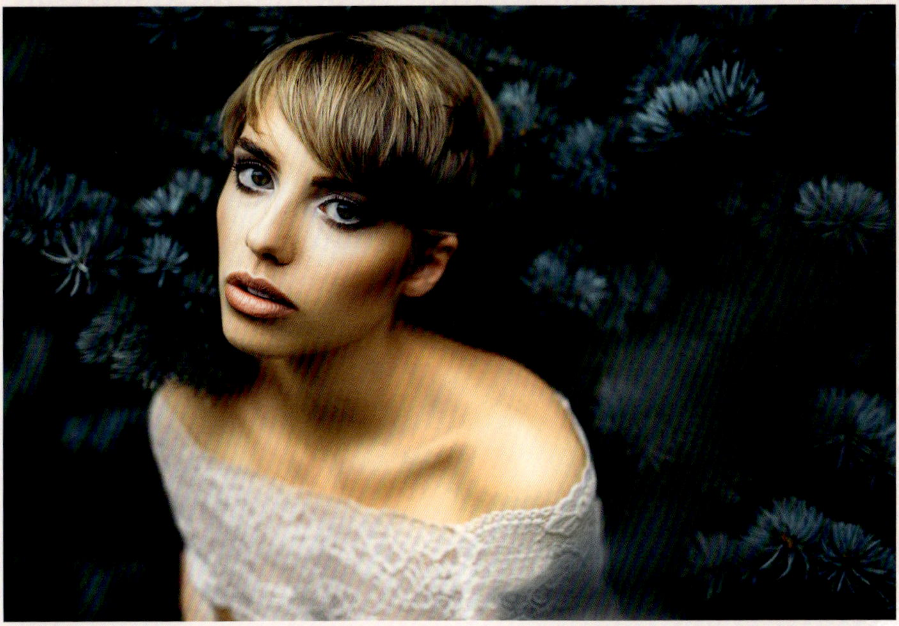

Rechts unten wird der davorgehaltene Zweig als Schleiereffekt sichtbar

LICHTSETZUNG

Bei der emotionalen Porträtfotografie spielt das Licht eine ganz wichtige Rolle. Wenn du natürliches und künstliches Licht effektiv einsetzen kannst, die Wirkung von Schatten kennst und den Reflektor beherrschst, gelingt dir das perfekte Bild.

Die Licht-Checkliste

Zunächst sind fünf Dinge wichtig, wenn du ein gutes Porträt machen möchtest – du solltest sie beachten, wenn du eine Person fotografierst:

- Lass Licht auf die Augen fallen.
- Vermeide Schatten unter den Augen.
- Gestalte die Wangenschatten.
- Vermeide den Schatten der Nase auf den Wangen.
- Nutze den Schatten unter dem Kinn.

Auch hier ist es wichtig zu üben: Probiere selbst aus, wie deine Ergebnisse ausfallen, je nachdem, wie das Licht auf das Gesicht deines Models fällt. Du wirst sehen, dass das deinen Blick enorm schult.

Licht auf die Augen fallen lassen

Achte darauf, dass in den Augen deines Models ein Lichtpunkt zu sehen ist (wie im übernächsten Bild). So strahlen die Augen deines Models perfekt, was maßgeblich zum Ausdruck eines Porträts beiträgt. Lass dein Model daher immer in Richtung Licht schauen.

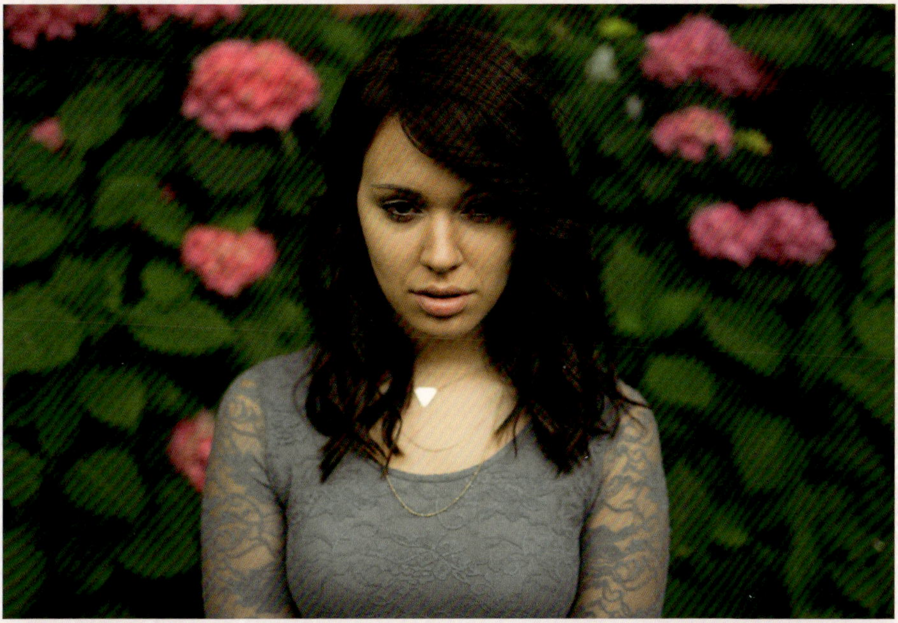

Kein Licht in den Augen sichtbar

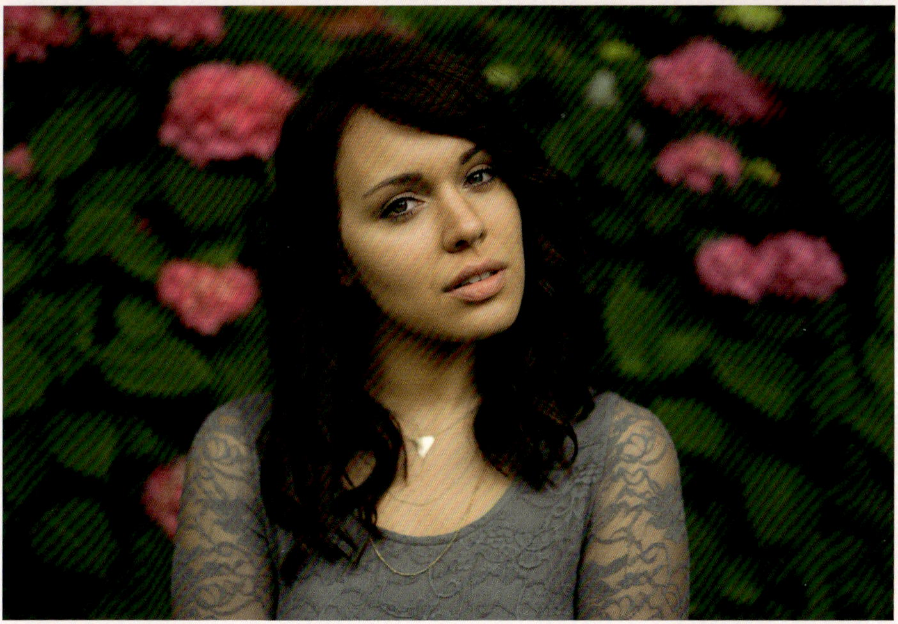

Licht in den Augen

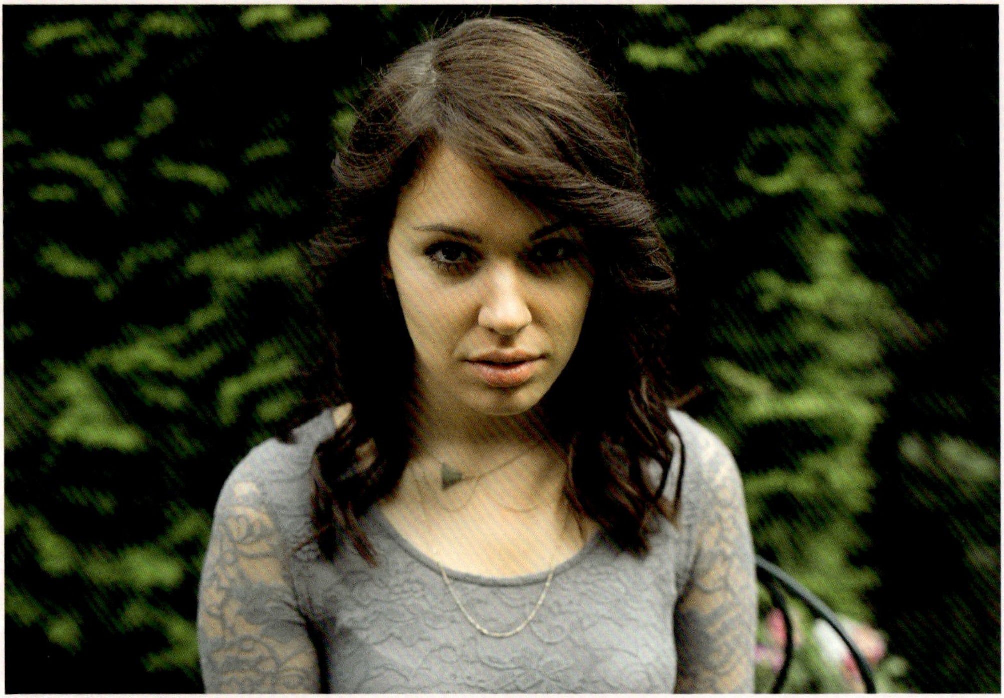

Nase vom Licht weggedreht: Schatten unter den Augen

Schatten unter den Augen vermeiden

Je nach Lichteinfall kann es passieren, dass dein Model dunkle Schatten unter den Augen hat. Hier sollte sie ihren Kopf anders drehen oder neigen, um die Schatten zu vermeiden. Bei Wolken hilft es meist schon, die Nasenspitze in Richtung Himmel anzuheben (bei Gegenlicht in Richtung des Reflektors).

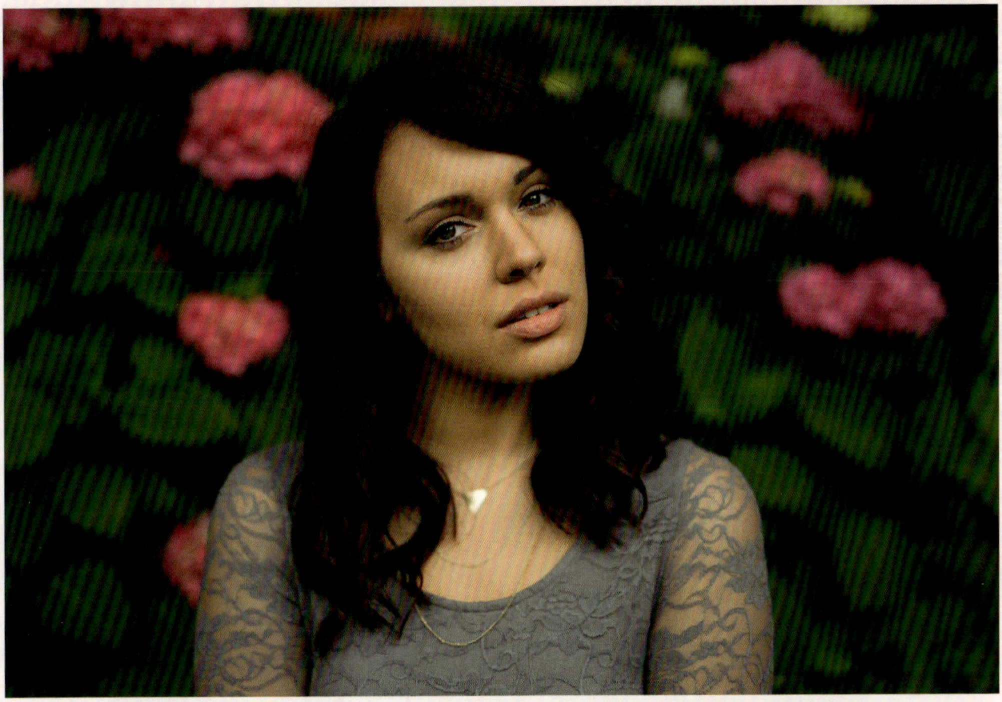

Nase zeigt zum Licht (in diesem Fall zum Himmel): gleichmäßig ausgeleuchtetes Gesicht

Wangenschatten gestalten

Um das Gesicht deines Models plastisch zu gestalten, solltest du bewusst darauf achten, auch Schatten zu setzen. Ein komplett ausgeleuchtetes Gesicht wirkt sonst flach und wenig plastisch. Unter der Wange deiner Person sollte ein Schatten zu sehen sein. Auch hier solltest du dein Model in jede Richtung einmal drehen, um zu sehen, wie die Schatten fallen und wo es am schönsten aussieht.

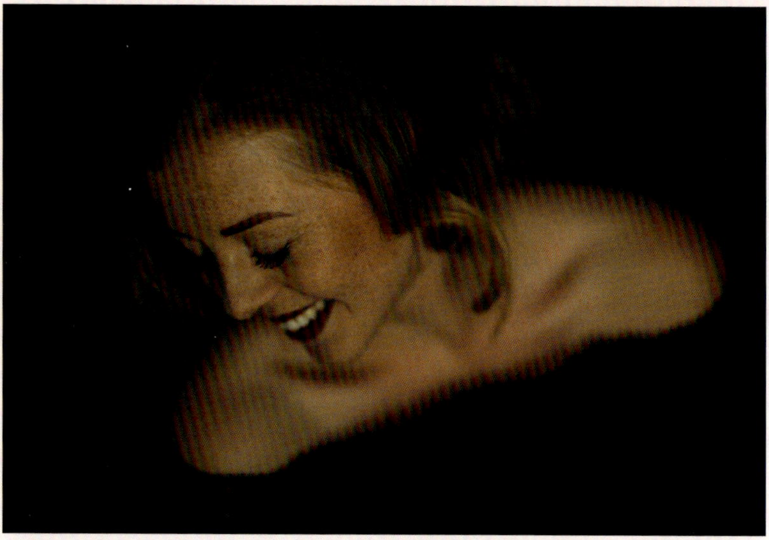

Licht von vorne oben: Gesicht wirkt eher platt

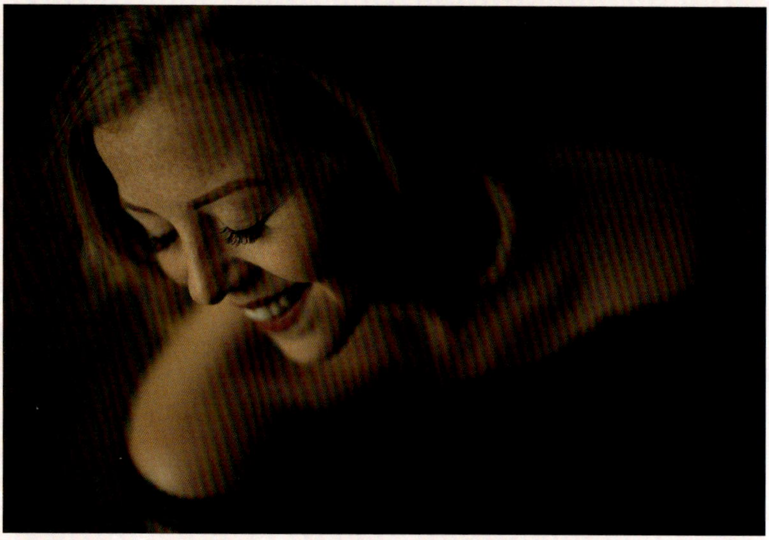

Licht von seitlich oben: schöne Wangenschatten, Gesicht wird geformt

Ideal ist es, wenn das Licht von oben und leicht seitlich auf dein Model trifft. Beide Augen sollten ausgeleuchtet sein, und auf einer Seite sollte ein Wangenschatten zu sehen sein. Diesen kannst du dann super fotografieren.

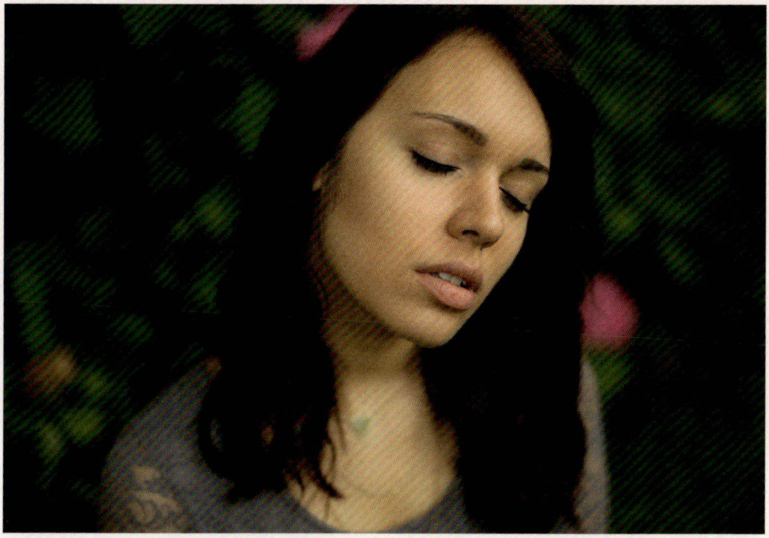

Kein Wangenschatten, Gesicht wirkt platt

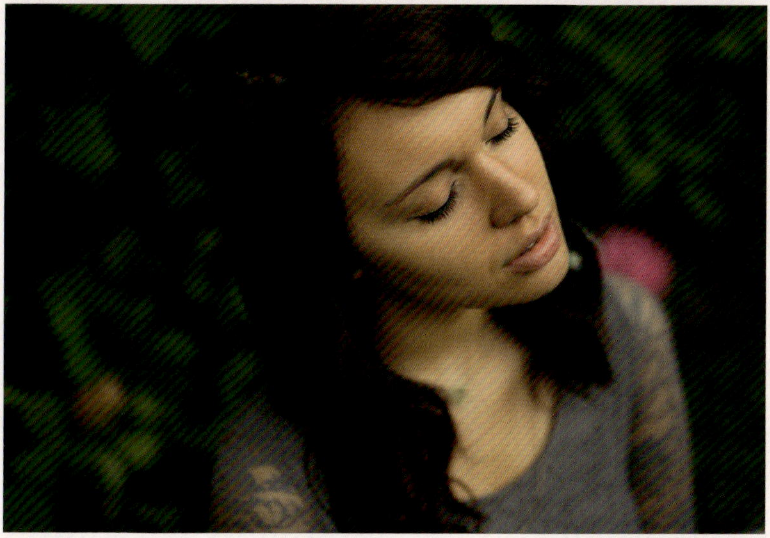

Wangenschatten, Gesicht wird geformt

Outdoor kannst du den Wangenschatten durch die Kopfneigung deines Models erreichen. Neigt sie den Kopf zu dir hin, siehst du den Wangenschatten auf deiner Seite, da die Wange nicht vom Himmel angestrahlt wird. Achte also darauf, dass dein Model den Kopf zu dir hinneigt.

DER LICHTEINFALL

Fotografiere am besten aus der Richtung, aus der das Licht NICHT kommt, also aus der Schattenrichtung. Wenn du aus der Lichtrichtung fotografierst, kannst du keine Schatten aufnehmen. Hier ist es umso wichtiger, die eigene Perspektive zu ändern.

Kein Nasenschatten, der über die Wange fällt

Kennst du das, wenn die Nase einen richtig extremen Schatten auf die Wange wirft? Wenn nicht, stell dich mal vor den Spiegel und halte deine Smartphone-Taschenlampe von der Seite auf deine Nase. Du

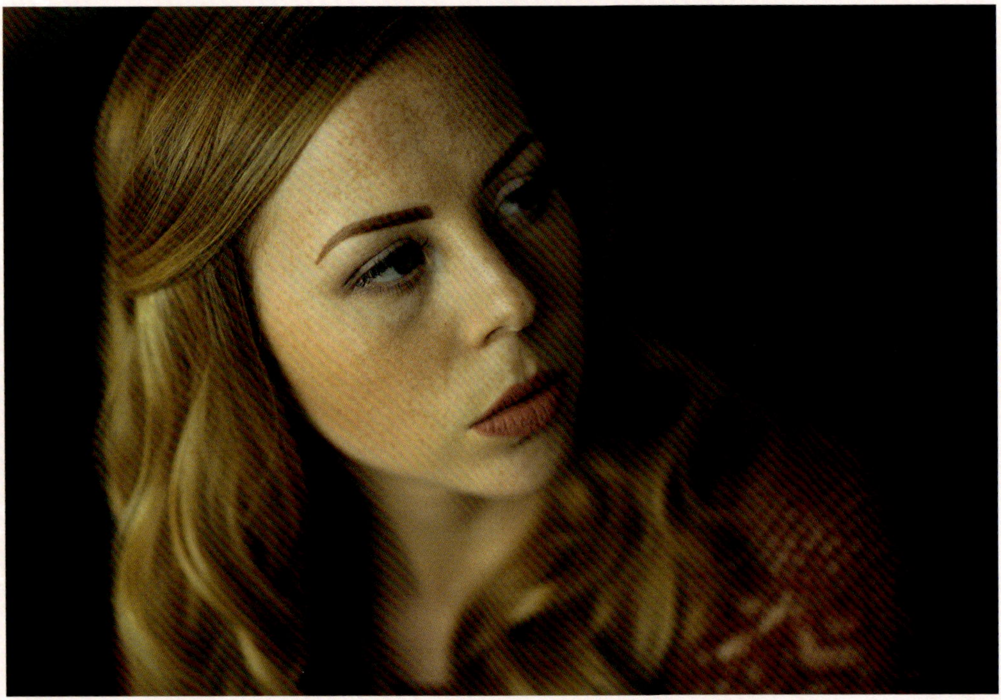

Nase zeigt vom Licht weg: Nasenschatten extrem auf der Wange sichtbar

wirst sehen, dass auf der anderen Seite ein sehr harter Schatten auf die Wange fällt. Das sollte auf jeden Fall vermieden werden. Die Nase sollte in Richtung Licht zeigen. Dann wandert der Schatten an die Nase ran, und du hast kein Problem mit einem Nasenschatten, der über die Wange wandert und das Gesicht unschön wirken lässt.

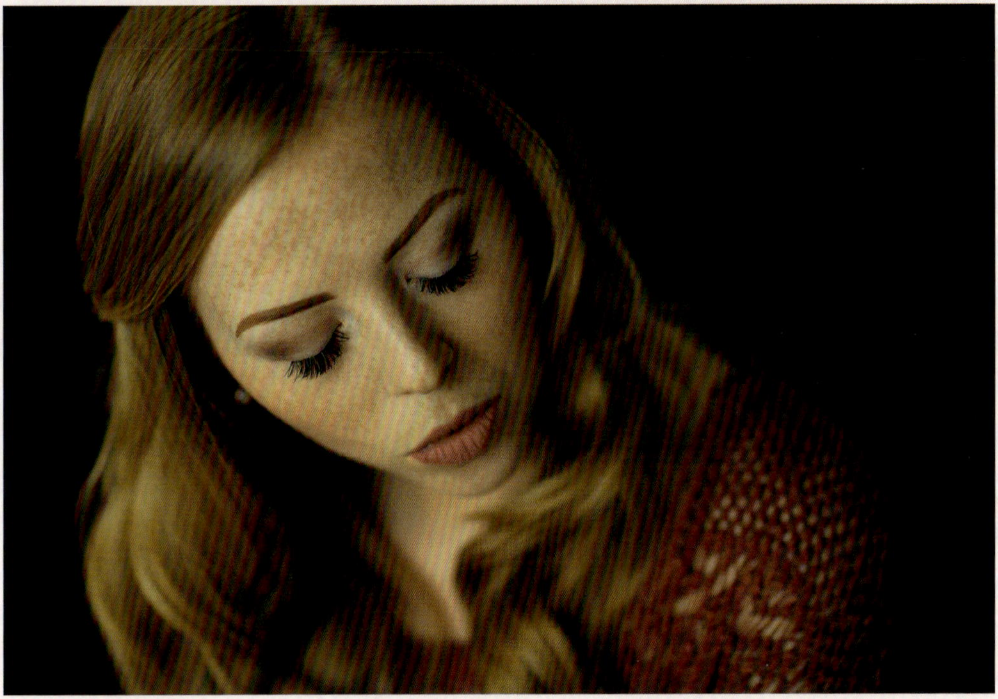

Nase zeigt in Richtung Licht: Nasenschatten wenig sichtbar

Schatten unter dem Kinn

Wenn unter dem Kinn kein Schatten ist, ist keine optische Trennung von Kinn und Hals sichtbar. Das wirkt unvorteilhaft. Achte daher darauf, dass stets ein Schatten unter dem Kinn sichtbar ist, indem du das Licht von oben kommen lässt. So bekommst du automatisch schöne Schatten unter der Wange und unter dem Kinn.

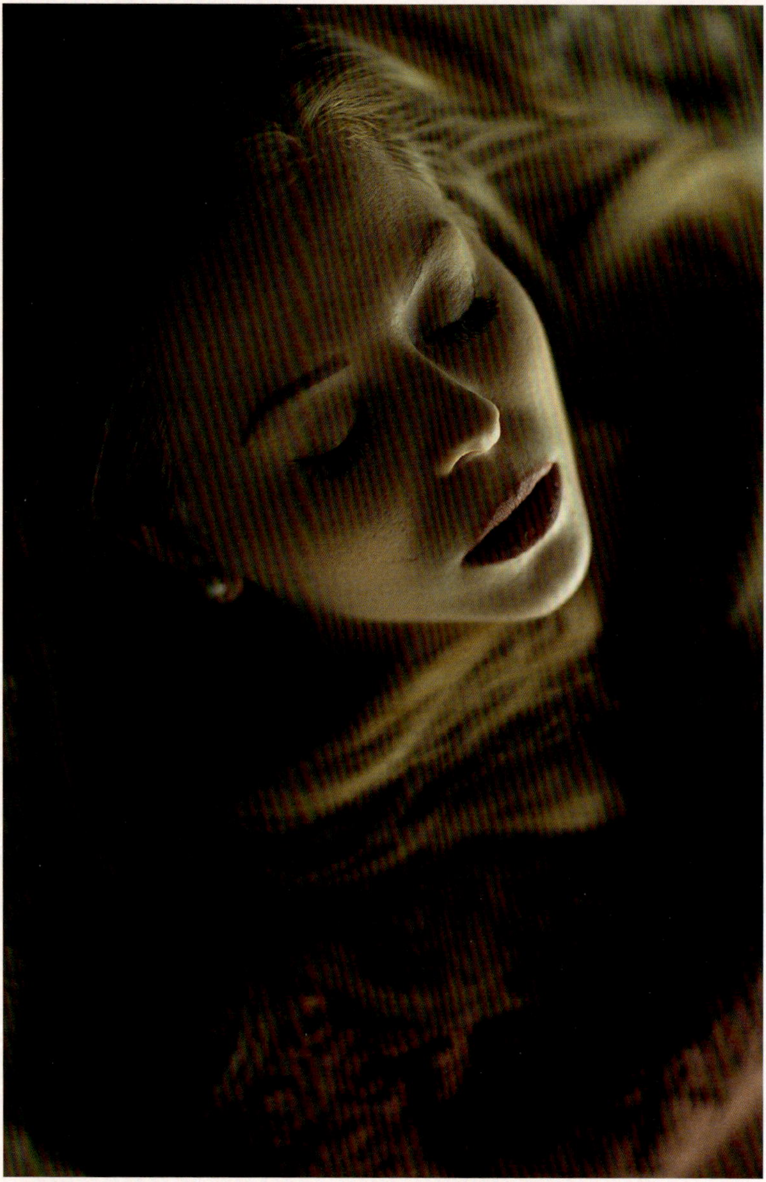

Licht von unten

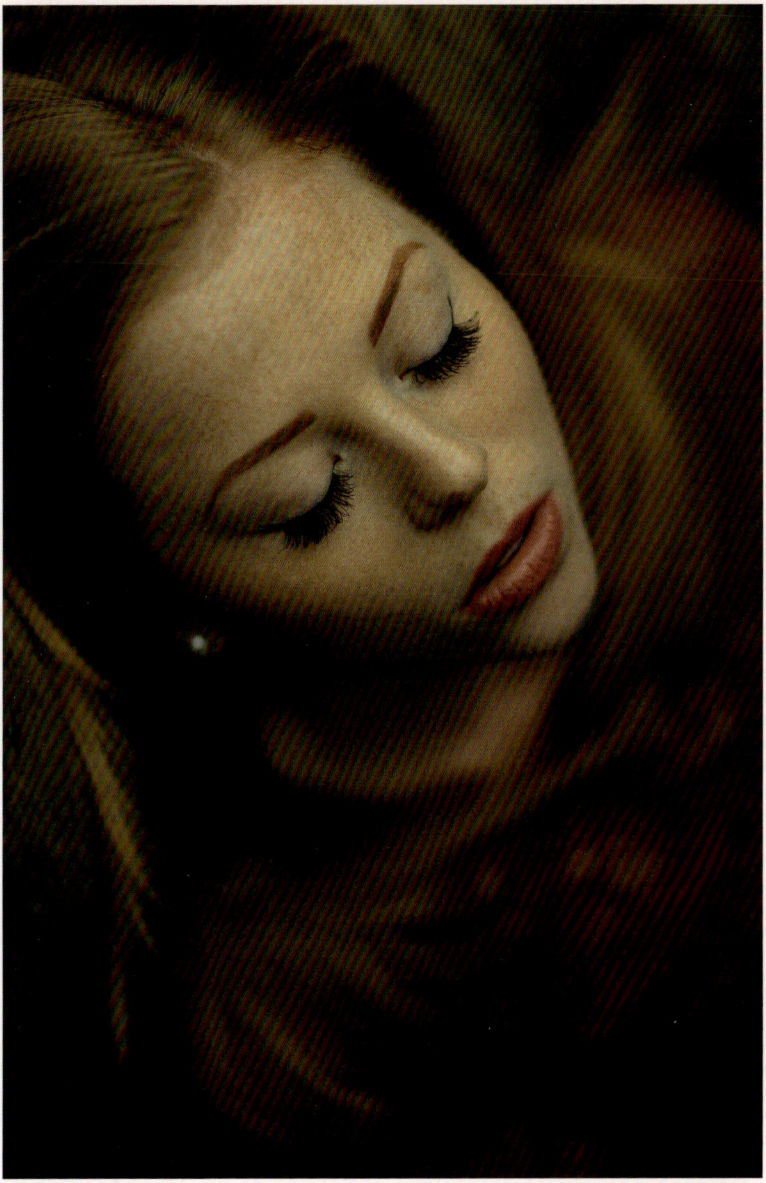

Licht von oben

Licht – aus welcher Richtung?

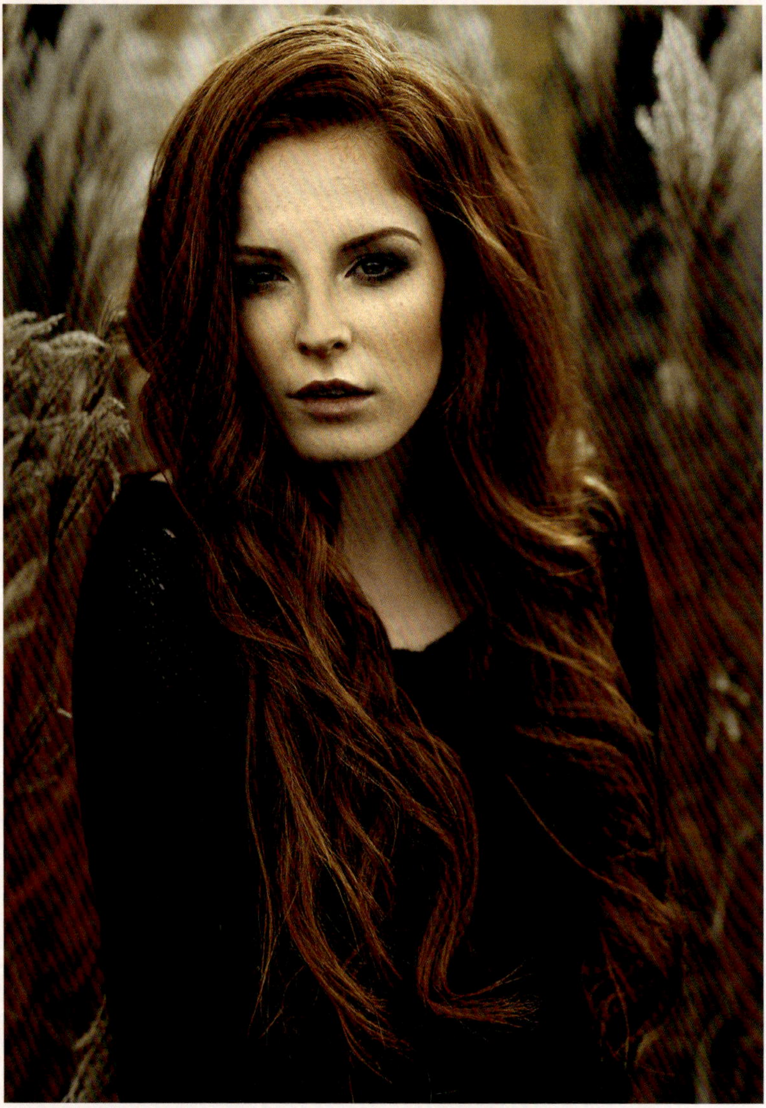

Licht von oben: Frontales Licht leuchtet großflächig aus

Frontales Licht

Frontales Licht ist das typische Beautylicht. Du solltest es nutzen, wenn dein Model komplett ausgeleuchtet sein soll, z. B. bei einem schönen Beauty-Make-up. Frontales Licht leuchtet großflächig aus und ist auch ein sehr „verzeihendes“ Licht, ideal bei unreiner Haut oder bei älteren Menschen, die ihre Falten verstecken möchten. Das Licht sollte stets etwas von oben kommen. Das wirkt vorteilhafter für die Gesichtszüge.

> Frontales Licht erreichst du, wenn die Person genau in Richtung Lichtquelle schaut, z. B. in Richtung eines Fensters.

Seitliches Licht

Seitliches Licht erzählt eine Geschichte. Es leuchtet nicht alles frontal aus, sondern erzeugt Spannung, indem bestimmte Bereiche im Schatten liegen. Seitliches Licht nutze ich dann, wenn ich mit meinen Bildern z. B. eine Homestory erzählen möchte, etwa „Ein Mädchen mit Kaffeetasse wartet zuhause auf ihren Freund.“

Hier ist es wichtig, mit dem Licht zu spielen. Es macht den Ausdruck der Person stärker und wirkt spannender. Die Nase sollte in Richtung Lichtquelle gerichtet sein, der Oberkörper wird von der Lichtquelle weggedreht. So erhältst du schöne Schatten am Dekolleté. Alternativ kannst du mit Struktur in der Kleidung arbeiten. Nun kommt es auf deine Kameraposition an: Fotografiere nicht aus Lichtrichtung, sondern aus Schattenrichtung! Auf den folgenden Seiten findest du Beispiele für den Einsatz von seitlichem Licht.

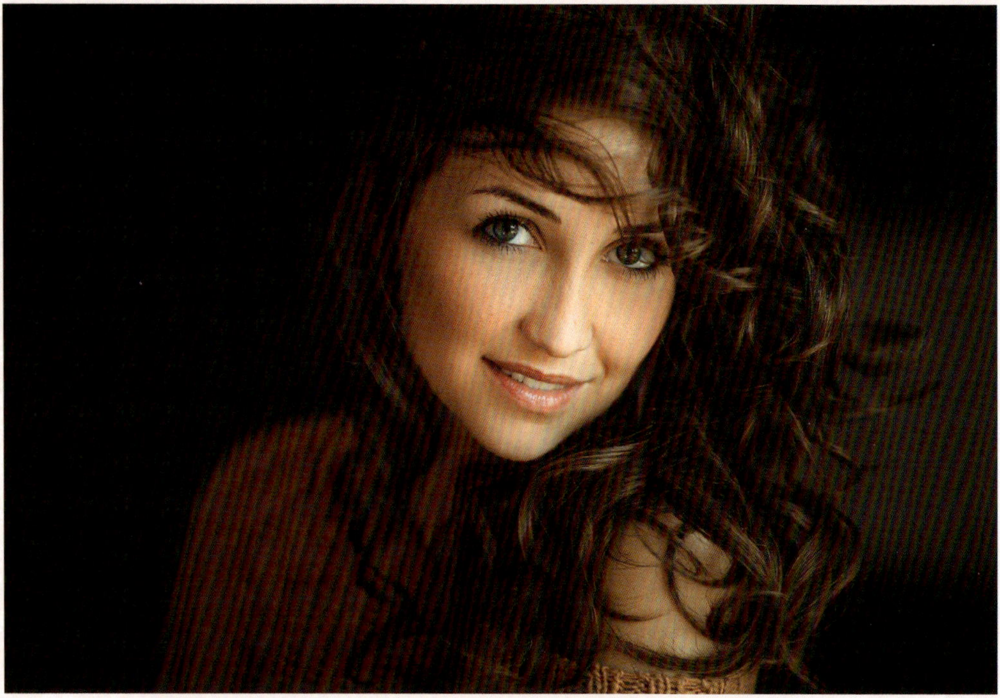

Seitliches Licht: Kopf zeigt zum Licht, Oberkörper vom Licht weggedreht

! Seitliches Licht erreichst du, wenn das Licht von oben und leicht seitlich eingesetzt wird, sodass ein schöner Schatten unter der Wange entsteht.

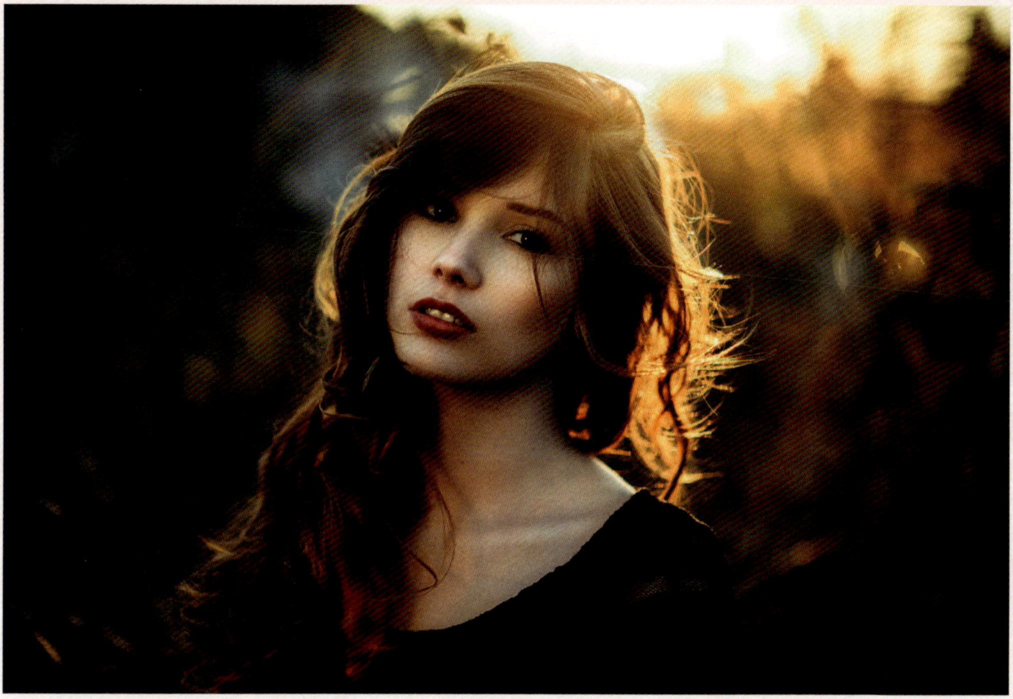

Lensflares durch Gegenlicht

Gegenlicht

Bei Gegenlicht entsteht ein Lichtkranz auf den Haaren, somit entsteht eine optische Trennung zwischen Model und Hintergrund. Außerdem kannst du hier schön mit Lichteffekten arbeiten, weil die Sonne direkt in deine Linse fällt (sogenannte Lensflares).

Gegenlicht nutze ich bei Porträts hauptsächlich outdoor im Sonnenuntergang. Es bietet sich an, die untergehende Sonne für die romantischen Bilder zu nutzen und mit den Reflexionen in der Linse zu spielen (siehe folgendes Bild). Wie genau ich bei Gegenlicht mit einem Reflektor spiele, um das Gesicht heller zu gestalten, darauf gehe ich später noch genauer ein.

Die perfekte Tageszeit

Bei der perfekten Tageszeit für das Fotografieren von Porträts muss man einen Unterschied zwischen Indoor- und Outdoor-Fotografie machen.

Indoor

Generell sollte das Gesicht des Models keine harten Schatten aufweisen. Du solltest also darauf achten, dass keine direkte Sonne ins Gesicht fällt. Indoor ist das entsprechend dann der Fall, wenn keine direkte Sonne durch das Fenster fällt. Dies erreichst du entweder durch den Sonnenstand (Sonne nicht direkt vor dem Fenster) oder

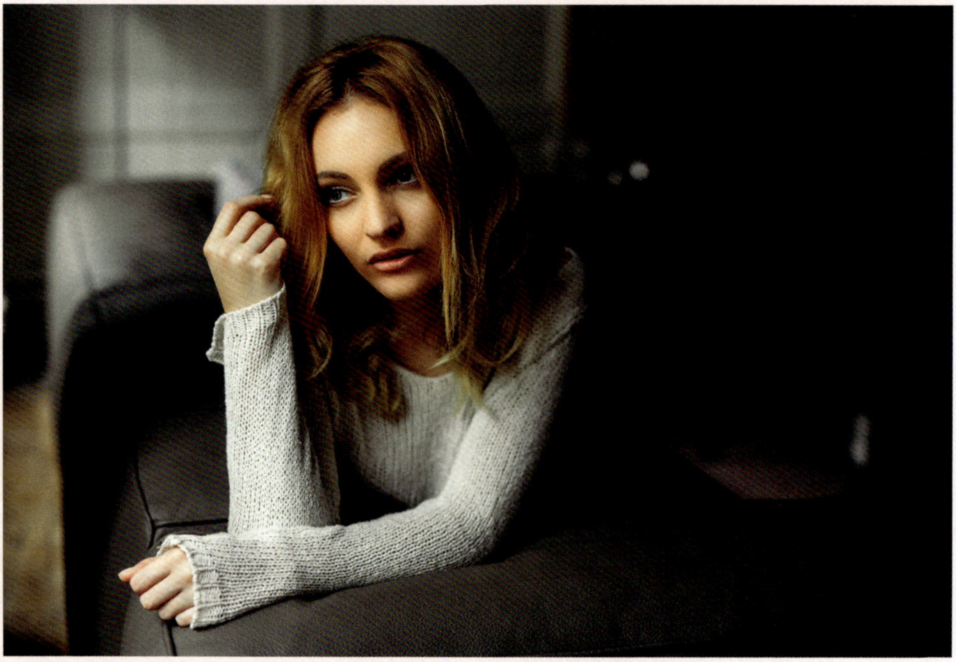

Indirektes Sonnenlicht indoor: keine harten Schatten

durch bewölkten Himmel. Alternativ kannst du auch mit weißen Vorhängen oder einem Diffusor arbeiten, um die Schatten im Gesicht weich zu bekommen. Auf den Diffusor gehe ich im Kapitel über den Reflektor noch genauer ein.

MITTAGS KANN NICHTS SCHIEFGEHEN

Wenn du dir indoor unsicher bist, wie die Location aussieht (z. B. bei einer Freundin, von der du das Haus nicht gut kennst), dann wähle die Mittagszeit. Hier steht die Sonne am höchsten Punkt, es ist somit schön hell und trotzdem fällt keine direkte Sonne durch das Fenster – es sei denn, es befinden sich Fenster an der Decke. Dann fällt die direkte Sonne ins Zimmer. Arbeite dort mit Diffusor oder warte einen wolkigen Tag ab.

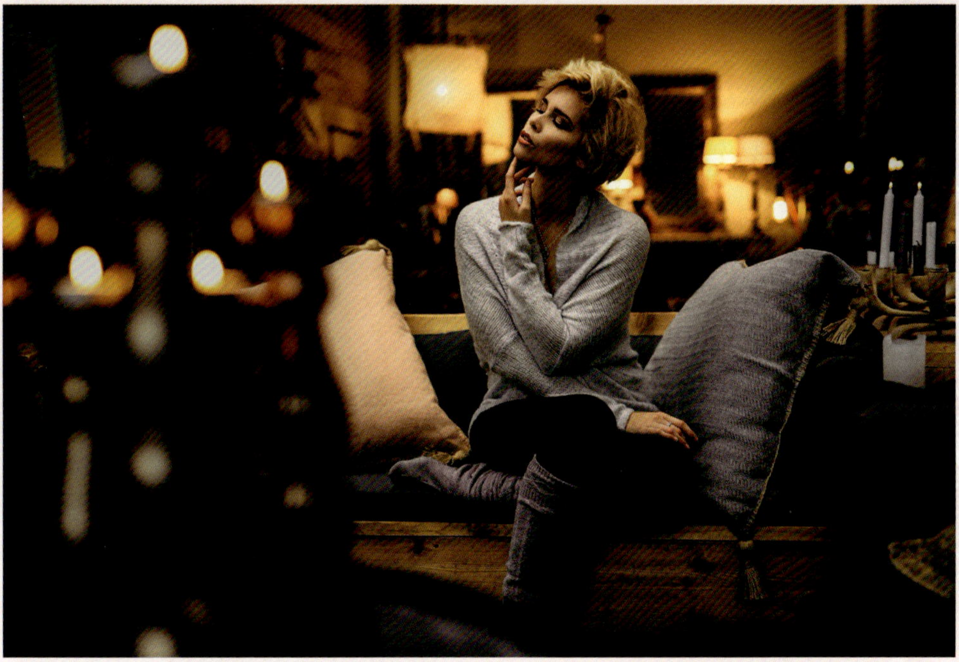

Das Fenster befindet sich an der Decke, es ist bewölkt. Der Kopf des Models geht in Richtung Licht.

Outdoor

Outdoor sieht es ganz anders aus. Wenn du draußen fotografieren möchtest, solltest du dir vorher das Wetter gut anschauen, denn hier gibt es große Unterschiede, was das Licht für deine Porträts betrifft.

Sonne: Das Licht kommt um die Mittagszeit genau von oben, da die Sonne sehr hoch steht. Am schlimmsten ist das im Hochsommer. Du kannst weder reflektieren noch dein Model im Gegenlicht positionieren. Ich empfehle dir daher, die Abendsonne zu nutzen. Hier kannst du toll mit Gegenlicht arbeiten und von vorne mit einem Reflektor aufhellen.

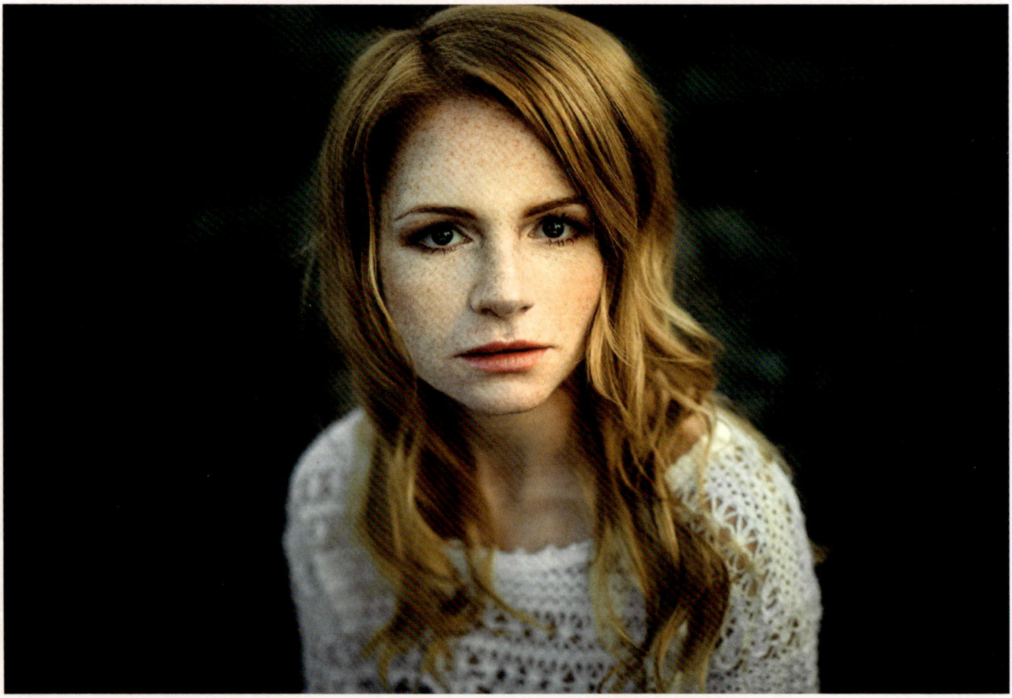

Wolken geben outdoor weiches Licht

Wolken: Wolken geben outdoor das perfekte Licht zum Fotografieren. Du hast weiches Licht und musst dich nicht um einen harten Nasenschatten kümmern. Wenn es bewölkt ist, hast du outdoor die meisten Freiheiten: Du musst dich nicht nach der Tageszeit richten, da das Licht zu jeder Tageszeit gleich weich ist. Perfekt!

Mit dem Reflektor arbeiten

Welcher Reflektor ist geeignet?

Es gibt verschiedene Arten von Reflektoren, verschiedene Größen und verschiedene Beschichtungen. Welcher der richtige für unser Porträtshooting ist, erkläre ich dir hier.

Die Größe des Reflektors entspricht der angestrahlten Fläche. Möchtest du also nur ein Gesicht ausleuchten, reicht ein kleiner Reflektor. Möchtest du eine Person im Ganzen oder eine ganze Gruppe von Menschen ausleuchten, brauchst du einen entsprechend größeren Reflektor.

ZU ZWEIT GEHT'S LEICHTER

Frag dein Model, ob sie eine Freundin mitbringen möchte. Das Model freut sich, dass sie nicht alleine kommen muss, und du hast gleich jemanden zum Reflektieren.

Dein Reflektor muss nicht unbedingt teuer sein. Unterschiede liegen lediglich in der Haltbarkeit. Richtige Reflektoren gibt es schon für kleines Geld im Internet zu kaufen. Ich empfehle dir einen 5-in-1-Reflektor, da du so alle Möglichkeiten beim Shooting hast.

Beim 5-in-1-Reflektor hast du gleich fünf Möglichkeiten, je nachdem, welche Fläche du nutzt:

- Silber: reflektiert Licht stark mit kühler Farbtemperatur
- Gold: reflektiert Licht stark mit warmer Farbtemperatur
- Weiß: reflektiert Licht wenig mit kühler Farbtemperatur
- Schwarz: hält Licht ab
- Diffusor: macht hartes Licht weich

Wähle beim Reflektieren entweder Silber oder Weiß. Arbeite bei Porträts nicht mit der goldenen Seite des Reflektors, denn sie wirkt im Gesicht zu gelblich und somit nicht natürlich. Manche Reflektoren haben eine gold-silberne Zebra-Bespannung. Auch diese wirkt schön und macht das Gesicht nicht ganz so gelb wie die goldene Seite.

Versuche außerdem immer, von oben aufzuhellen, egal, ob die Sonne scheint oder ob es bewölkt ist. Eine Aufhellung von unten lässt das Gesicht ebenfalls unnatürlich wirken.

NO-BUDGET-LÖSUNG

Wenn du dir keinen Reflektor leisten möchtest, kannst du ihn mit jeder Fläche ersetzen, die Licht reflektiert: Nutze eine weiße Styroporplatte oder die silberne Seite einer Rettungsfolie. Alternativ geht auch eine Platte, die du mit Alufolie beklebst. Du merkst schon, es muss nicht teuer sein!

! Die Größe des Reflektors entspricht der angestrahlten Fläche. Der Abstand des Reflektors zum Model regelt die Helligkeit.

Wofür braucht man überhaupt einen Reflektor, wenn man Tageslicht hat? Man könnte doch einfach die Person so hinstellen, dass alles hell ist? Genau darauf will ich jetzt genauer eingehen. Ein Reflektor ist nämlich gar nicht so unwichtig, wie er am Anfang scheint.

Reflektor bei Sonne

Stell dir vor, du fotografierst draußen, im Gegenlicht. Die Situation hatten wir bereits. Schauen wir uns die Details noch einmal genauer an: Du solltest outdoor darauf achten, harte Schatten im Gesicht zu vermeiden. Das bekommst du perfekt hin, indem die Sonne hinter der Person ist. So kannst du dein Model auch optisch durch den Lichtkranz auf den Haaren vom Hintergrund abheben.

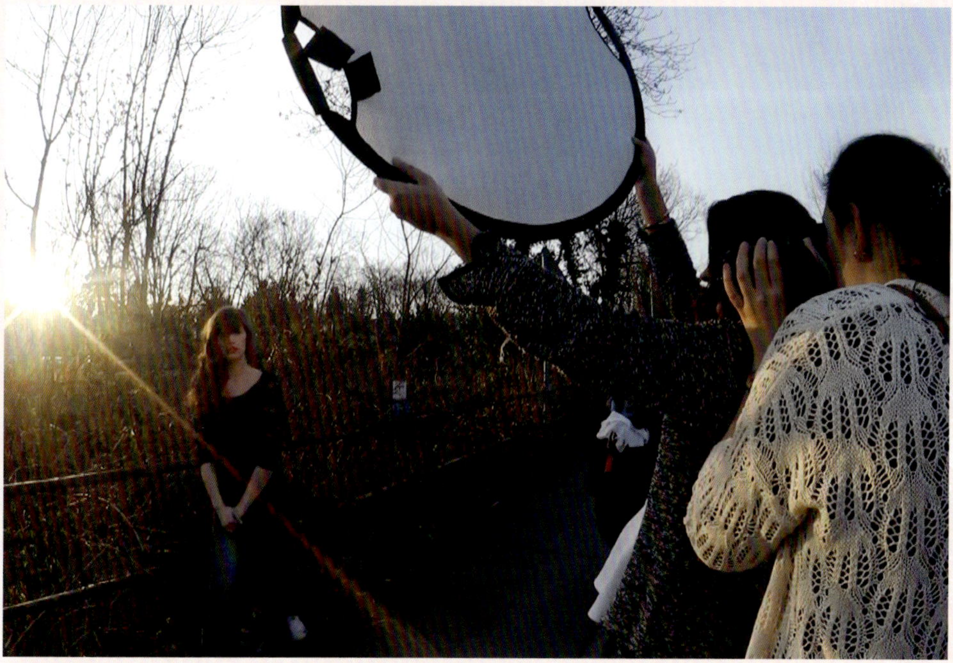

Arbeiten mit dem Reflektor bei Sonnenlicht

Jetzt hast du nur ein Problem: Dein Model ist zu dunkel. Und da haben wir es schon: Du benötigst eine Aufhellung von vorne. Bei dem vorhandenen Tageslicht bietet es sich an, einen Reflektor zu nutzen. Er ist leicht, kann einfach transportiert werden und ist schnell „aufgebaut".

Indem du dein Model von vorne aufhellst, erzeugst du außerdem einen wunderschönen Lichtpunkt in den Augen deines Models. Die Augen strahlen, und der Ausdruck wirkt stärker.

GEGENLICHT HERSTELLEN

Gegenlicht erreichst du, indem die Sonne sich seitlich oder genau hinter deinem Model befindet. Du solltest hier zusätzlich mit einem Reflektor von vorne aufhellen, damit das Gesicht deines Models trotzdem hell ist. Den Reflektor solltest du stets von oben leicht seitlich einsetzen.

Ich empfehle dir, bei Gegenlichtaufnahmen einen Helfer mitzunehmen. Die Aufhellung sollte bei Sonne nur ganz dezent sein. Viele stehen mit dem Reflektor zu nah vor dem Model. Wenn der Himmel richtig blau ist und die Sonne scheint, dann geh mindestens fünf Meter weit weg von deinem Model. Je bewölkter es ist, desto näher könnt ihr mit dem Reflektor an das Model herankommen.

Die Aufhellung bei Sonne im Gesicht sollte genauso aussehen, als wenn es bewölkt wäre. Sieht es so aus, als würde die Sonne scheinen, steht dein Helfer mit dem Reflektor zu nah an dem Model.

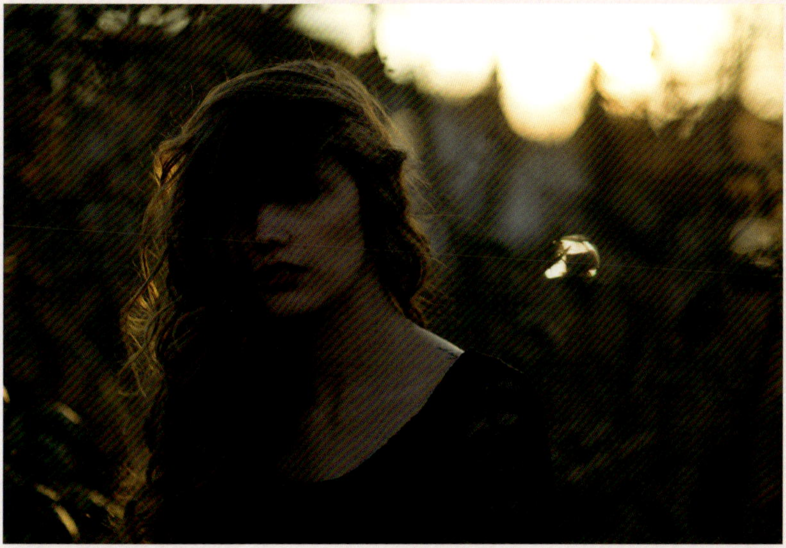

Gegenlicht ohne Reflektor

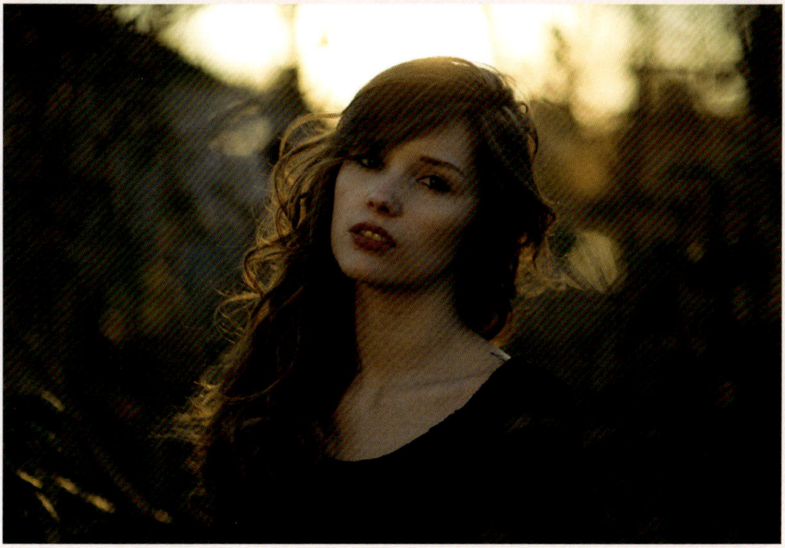

Gegenlicht mit Reflektor

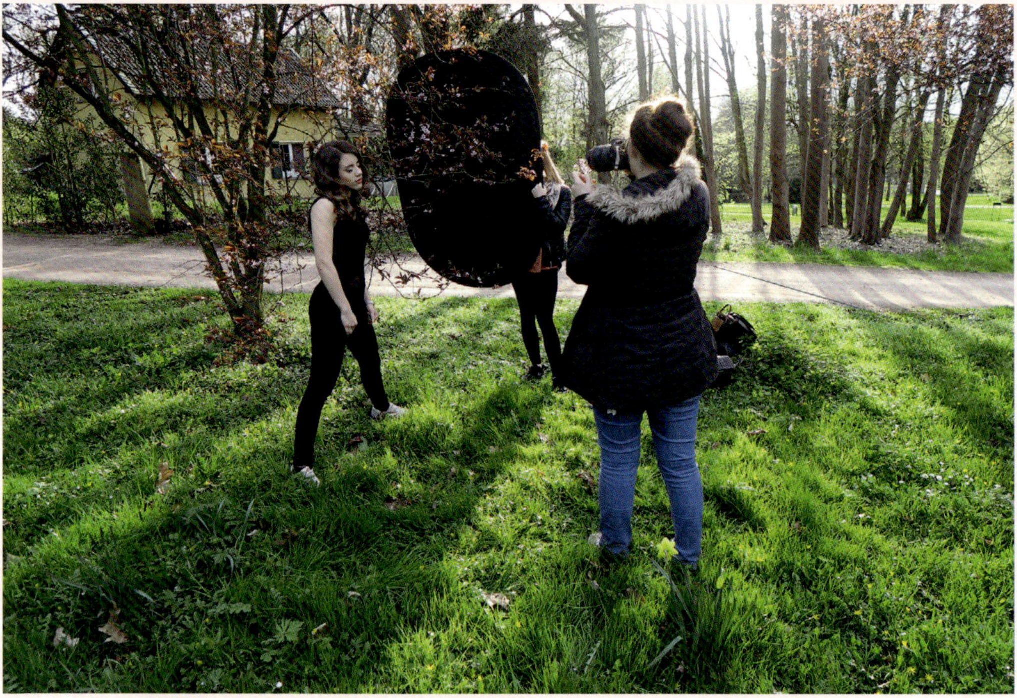

Die Sonne mit dem Reflektor abhalten

> **!** Mit deinen Kameraeinstellungen regelst du die Helligkeit des gesamten Bildes, mit dem Abstand des Reflektors zum Model steuerst du die Helligkeit deines Models.

Alternativ kannst du auch die Sonne abhalten und so arbeiten, als wäre es bewölkt. Achte dann aber darauf, dass sowohl dein Model als auch der Hintergrund im Schatten liegen.

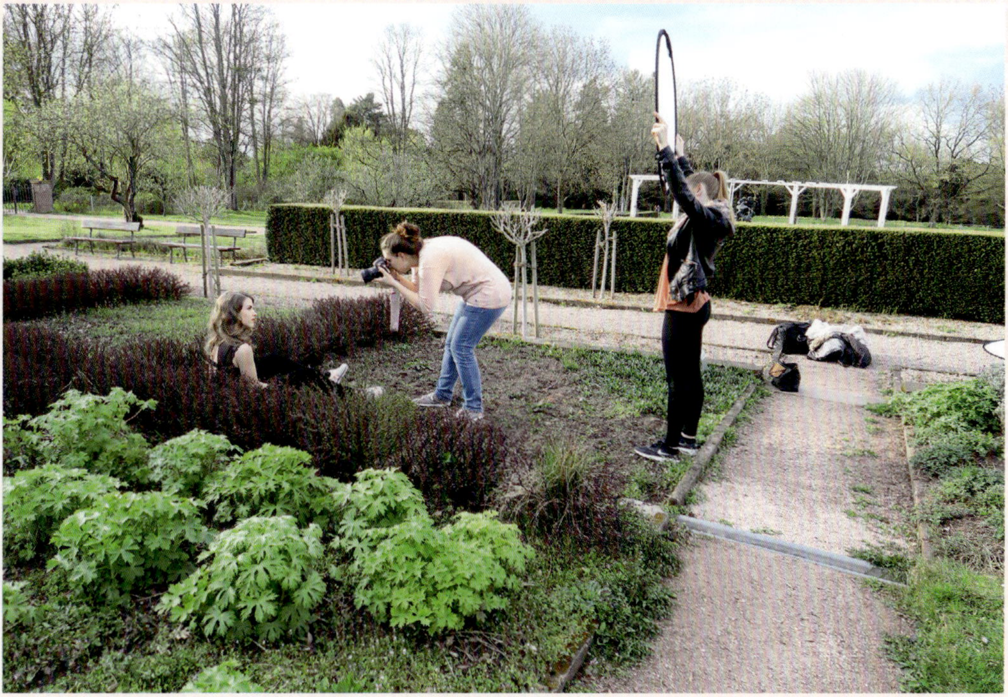

Aufhellen mit dem Reflektor bei Gegenlicht

Eine andere Möglichkeit ist es, zwischen die Sonne und dein Model einen Diffusor zu halten. So kannst du auch in die Richtung fotografieren, in die die Sonne fällt, und trotzdem sind die Schatten im Gesicht deines Models weich.

Dazu richtest du dein Model komplett in Richtung Sonne mit dem Gesicht aus und hältst anschließend den Diffusor dazwischen. Im Vergleich zum Abhalten hält der Diffusor das Licht nicht komplett ab, sondern lediglich ein wenig und macht es zusätzlich weich.

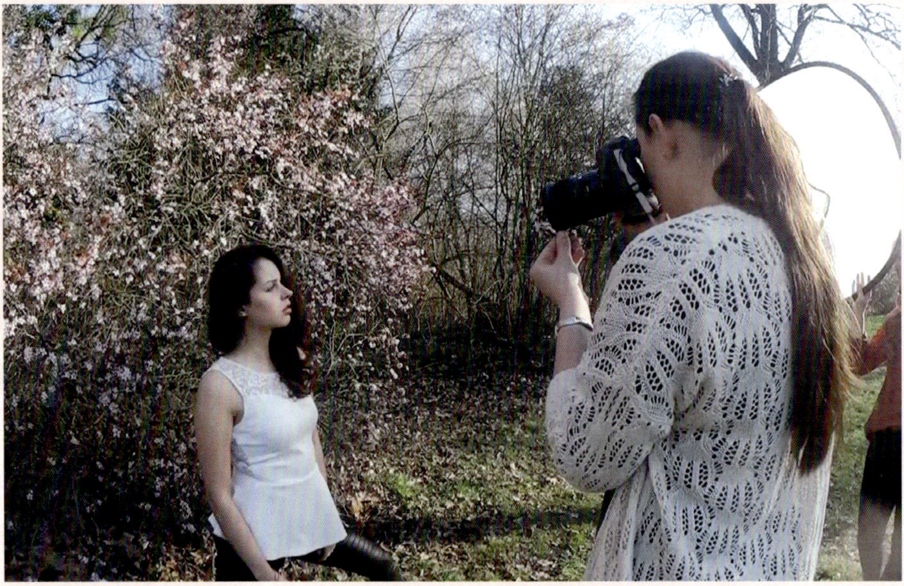

Den Diffusor einsetzen

Reflektor bei Wolken

Wolken sind das ideale Beautylicht, das Licht ist weich. Trotzdem kann es durch das von oben kommende Licht bei Wolken sehr schnell passieren, dass dein Model dunkle Schatten unter den Augen hat. Das kannst du super auch ohne Reflektor durch die Pose deines Models ausgleichen: Lass dein Model das Kinn minimal in Richtung Himmel anheben. So fällt Licht in die Augenhöhle, und die dunklen Augenschatten verschwinden. Denk außerdem daran, dass sie in Richtung des Himmels schauen sollte, um den Lichtpunkt im Auge zu bekommen. Um festzustellen, in welcher Richtung das Gesicht deines Model am gleichmäßigsten ausgeleuchtet ist, schau einfach in Richtung Himmel: Dort, wo die größte Himmelsfläche zu sehen ist, ist bei Wolken deine Hauptlichtquelle. In diese Richtung sollte dein Model schauen.

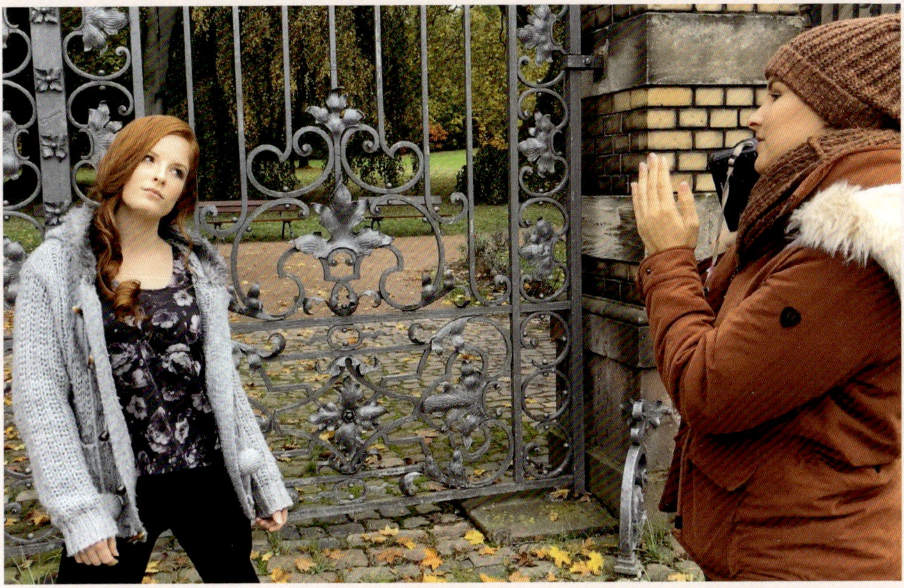

Lass dein Model das Kinn minimal in Richtung Himmel anheben

Was passiert jetzt jedoch, wenn du eine Pose fotografieren möchtest, in der dein Model nicht das Kinn nach oben hebt, sondern nach unten schaut oder in die Kamera? Richtig, du benötigst einen Reflektor, um die Augenschatten aufzuhellen und einen Lichtpunkt zu erzeugen. Alternativ lasse ich meine Modelle bei Wolken die Augen einfach schließen, wenn die Pose des Gesichts nach unten gehen soll.

STATIV: JA ODER NEIN?

Nutze outdoor keine Stative für den Reflektor. Sie sind sehr windanfällig. Erstens ist dein Reflektor schneller weggeflogen, als dir lieb ist, und zweitens hast du nie das Licht da, wo es hin soll. Indoor funktionieren solche Stative schon um einiges besser.

BILDAUFBAU

Du weißt jetzt alles Wichtige über Technik und Licht. Aber wie wird ein Bild zum Hingucker? Welche Rolle spielen das Bildformat, Strukturen oder Farben? Hier zeige ich dir, wie du diese und weitere Elemente gekonnt einsetzt, um ein stimmungsvolles Porträt zu bekommen.

Den Blick des Betrachters führen

Was glaubst du, wo schaut das menschliche Auge zuerst hin: Auf helle oder auf dunkle Stellen? Richtig, auf die hellen Stellen. Wir können uns diesen Fakt ganz bewusst für unsere Bilder zunutze machen, indem wir den Blick des Betrachters führen. Wo schaut er zuerst hin? Was beachtet er als Erstes? Oder wichtiger: Was soll der Betrachter zuerst beachten? Was soll im ersten Moment direkt auffallen?

Sei dir daher im Klaren, was die wichtigsten Elemente deines Bildes sind: Bei Porträts sind das meiner Meinung nach eindeutig die Augen. Der Blick soll direkt auf die Augen des Models gelenkt werden und im Idealfall auch von nichts abgelenkt werden. Man soll direkt gefesselt werden, wenn man das Bild ansieht, quasi der Person in die Augen schauen.

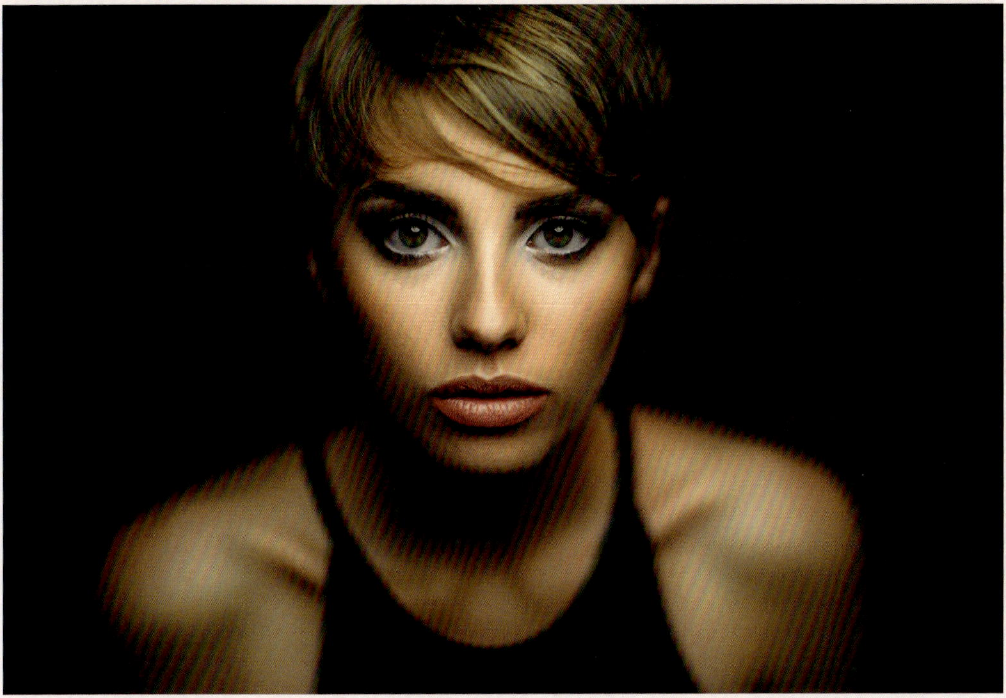

Das Bild fesselt durch den direkten „Blickkontakt“

WENN HELLE STELLEN STÖREN

So findest du perfekt raus, ob eine helle Stelle störend ist oder bleiben darf: Halte sie auf dem Kameradisplay mit einem Finger zu und schau nun auf die Augen des Models. Nimm dann die Hand weg. Geht dein Blick direkt zurück auf die helle Fläche? Dann solltest du sie vermeiden. Probier es doch gleich mal hier bei dem folgenden Bild aus und halte die helle Stelle zu!

Ich achte außerdem immer darauf, keine Stellen auf der Person selbst zu haben, die heller als das Gesicht sind. Bereiche wie z. B. das Dekolleté oder die Schultern stellen hier die größte Gefahr dar. Verdecke bei frontalem Licht immer Schultern und ein helles Dekolleté durch darübergelegte Haare oder Accessoires. Hierbei ist darauf zu achten, dass die Haare gleichmäßig aufgefächert werden und keine Lücke dazwischen entsteht. Das wirkt harmonischer.

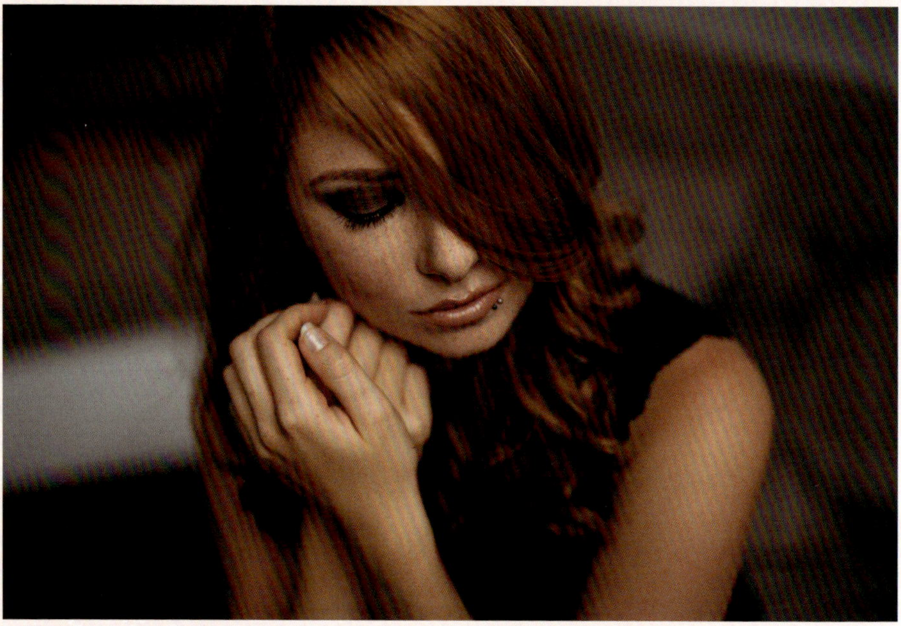

Stört die helle Stelle oder nicht?

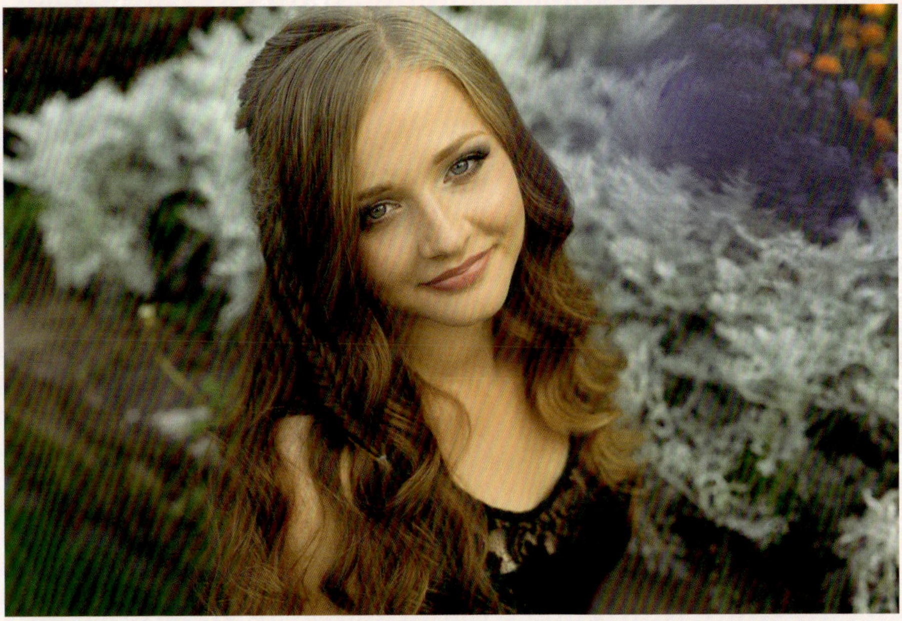

In den Haaren entsteht eine Lücke, was ungleichmäßig wirkt

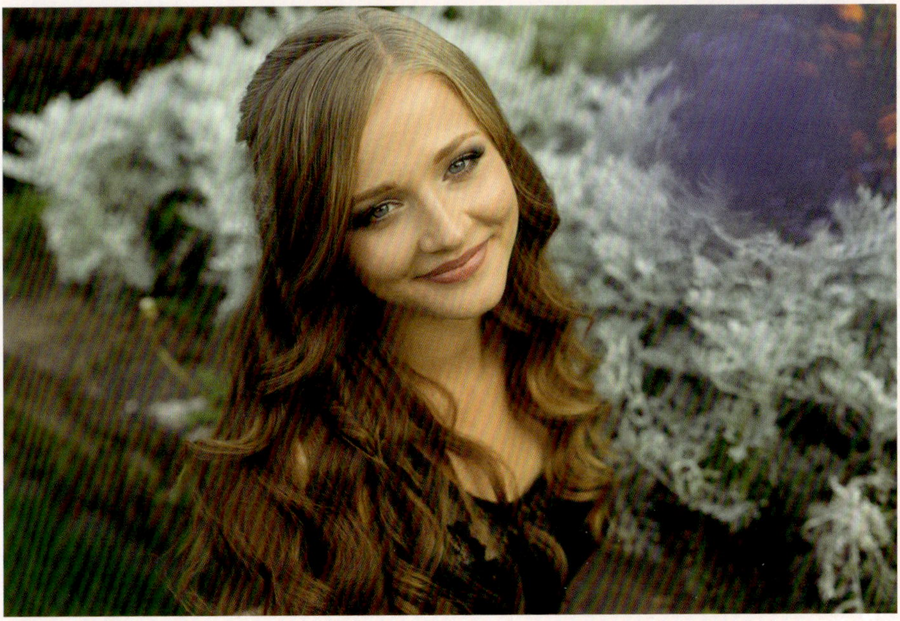

Die Haare sind schön aufgefächert, die Fläche wirkt gleichmäßiger und das Bild harmonischer

DER HELLSTE PUNKT: DAS GESICHT

Achte darauf, dass das Gesicht der hellste Punkt in deinem Bild ist. Dafür kannst du sorgen, indem du deinen Bildaufbau sorgfältig überprüfst und bewusst darauf achtest, keine hellen Flecken oder Flächen im Hintergrund zu haben.

Querformat oder Hochformat?

Bei meinen Bildern sind die Farben sehr wichtig. Neben der Kleidung liebe ich daher den Hintergrund, um mit diesem Aspekt zu spielen. Querformat ist daher das idealere Format, um mit dem Hintergrund und dessen Farben rechts und links von meinem Model spielen zu können.

Ich fotografiere nur dann im Hochformat, wenn es einen triftigen Grund dafür gibt: Hat die Person superschöne lange Haare, die unbedingt mit aufs Bild müssen? Hat die Person eine lange Kette mit einem tollen Anhänger an? Macht das Model eine interessante Handpose, die sich aber nicht in der Nähe des Gesichts abspielt, sondern eher in der Bauchregion? All das wären Gründe für mich, im Hochformat zu fotografieren.

Für Hochformat spricht auch manchmal ein bestimmter Hintergrund. Das ist für mich ein Hintergrund, bei dem ich in einer querformatigen Aufnahme Dinge im Bild hätte, die ich gar nicht aufnehmen möchte. Oder ich möchte Dinge aufnehmen, die sich über dem Model befinden und daher im Querformat gar nicht sichtbar wären. Hier entscheide ich mich für Hochformat.

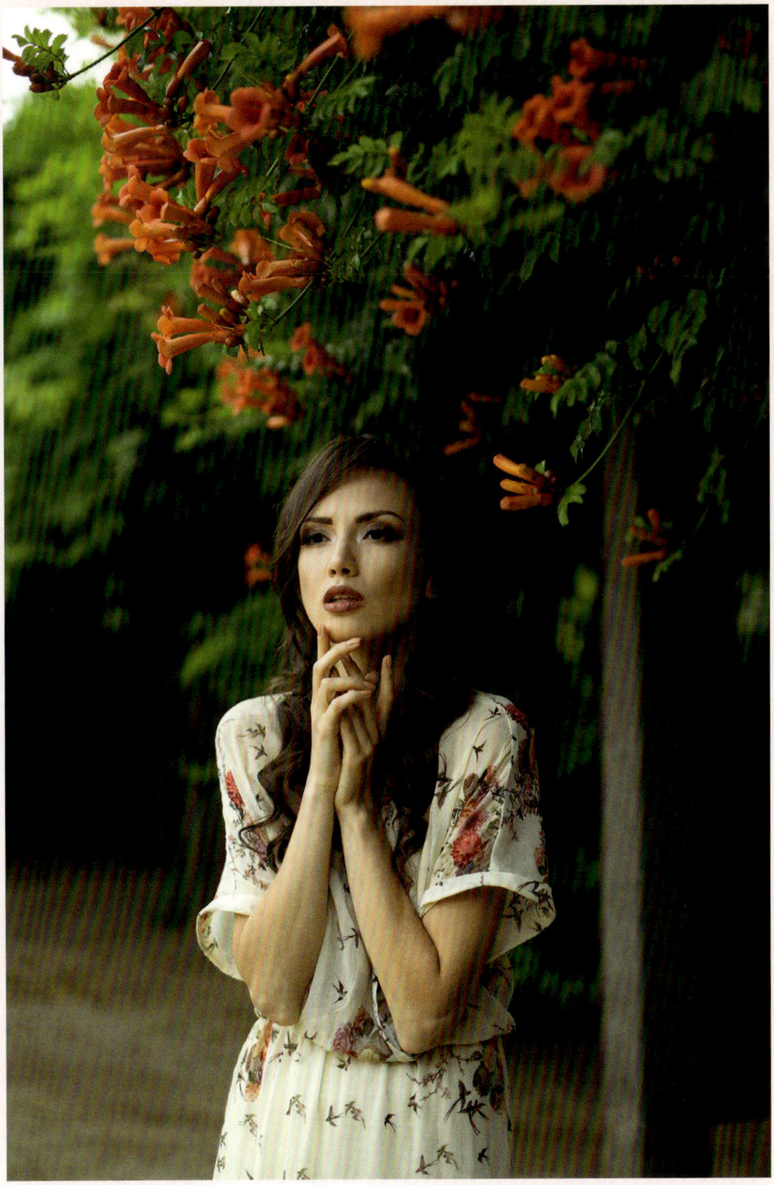

Die Blumen über dem Model werden nur im Hochformat sichtbar

> **!** Location und Pose des Models entscheiden über Quer- oder Hochformat.

Die Perspektive

Versuche, deine sinnlichen Porträts nicht von unten zu fotografieren. Das wirkt unschön, und im schlimmsten Fall fotografierst du der Person in die Nasenlöcher hinein. Das wollen wir doch nicht, oder? Ich achte darauf, dass ich mit meiner Kamera stets mindestens auf der Augenhöhe der Person bin oder von oben fotografiere.

Von je weiter oben man eine Person fotografiert, desto süßer wirkt sie auf dem Endergebnis. Möchtest du die Person selbstbewusst darstellen, sollte sie mit dem Betrachter auf einer Ebene sein, also auf Augenhöhe. Wenn die Person auf den Betrachter von oben herunterschaut, wirkt sie eher heroisch und bestimmend. Du kannst also mit deiner eigenen Position perfekt steuern, wie dein Model auf den Betrachter wirkt.

Ich zeige dir als Beispielfoto ein Bild, auf dem sehr deutlich sichtbar ist, wie dominant auch der Oberkörper wirkt, wenn man von unten fotografiert. Das Gesicht steht nicht im Fokus und man fotografiert außerdem in die Nasenlöcher hinein, was nicht wirklich vorteilhaft aussieht. Alternativ darunter siehst du die bessere Variante: Der Kopf ist der Kamera am nächsten, das Gesicht bekommt daher die meiste Aufmerksamkeit.

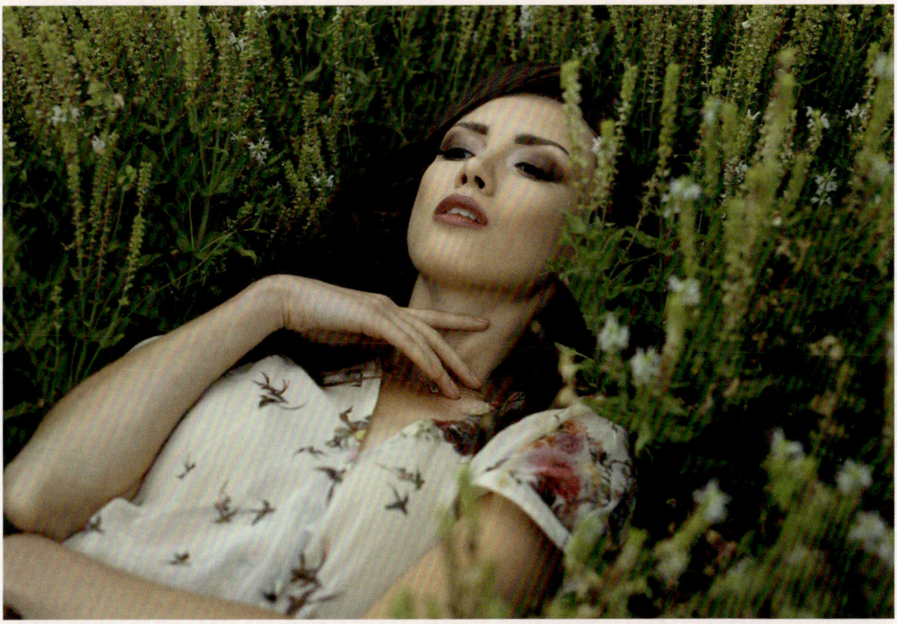

Eher von unten fotografiert: Das Gesicht steht nicht im Fokus

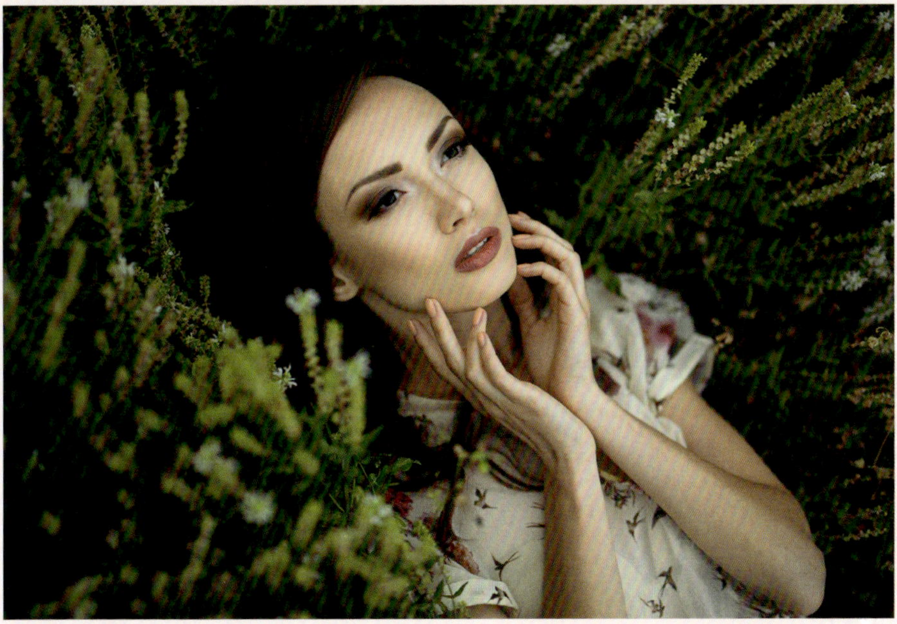

Eher von oben fotografiert: Das Gesicht bekommt die meiste Aufmerksamkeit

IMMER AUF AUGENHÖHE

Fotografiere stets auf Augenhöhe oder leicht von oben. Dies gilt sowohl für Porträts im Stehen oder Sitzen als auch für Porträts im Liegen.

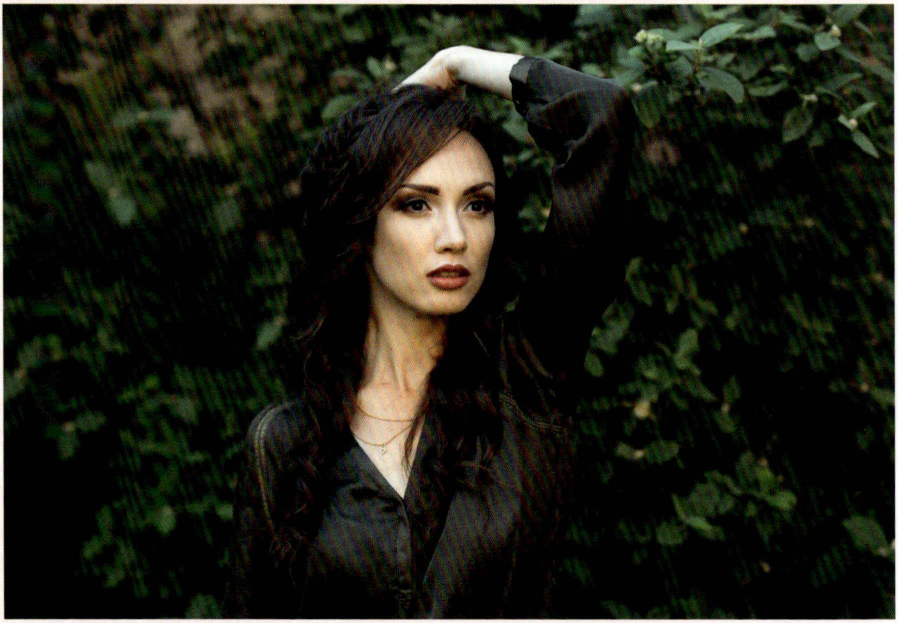

Unvorteilhaft: Der Arm „wächst" aus dem Kopf

Achte außerdem darauf, dass perspektivisch gesehen das Gesicht deines Models das ist, was, auf ihren Körper bezogen, den geringsten Abstand zur Kamera hat. Hebt sie z. B. den Arm, und ihr Ellenbogen ist vor dem Gesicht, schenkt man dem Arm zu viel Aufmerksamkeit. Außerdem verschwindet er manchmal so seltsam hinter dem Kopf, dass man das Gefühl hat, er wächst aus dem Kopf. Ich achte daher immer darauf, dass die Arme sich unter dem Kinn befinden.

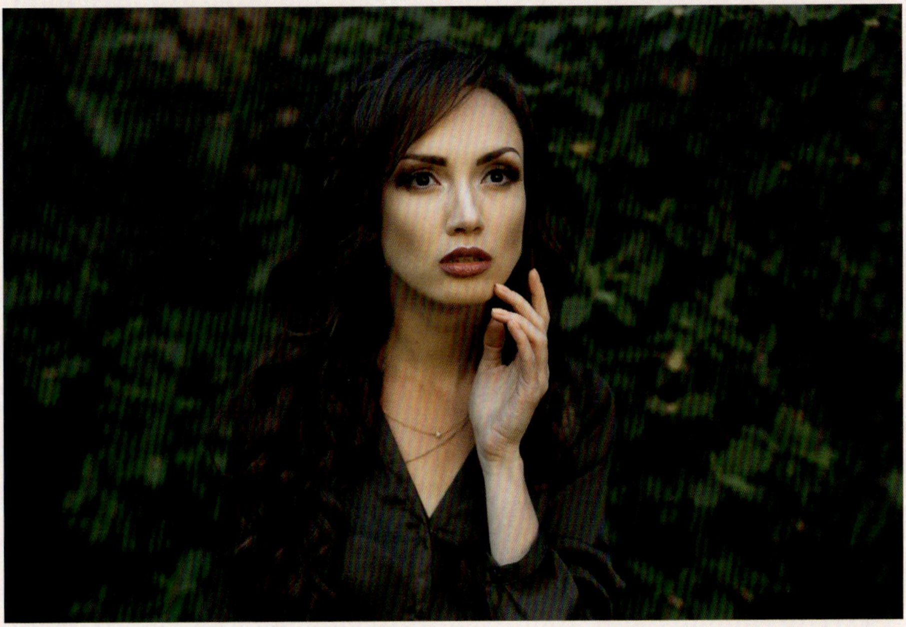

Besser: Der Arm befindet sich unterhalb des Kinns

Bildschnitt

Vielleicht hast du den Satz schon mal irgendwo gehört oder gelesen: „Bitte nicht an Gelenken schneiden“. Auch ich beherzige diese fotografische Regel und schneide mein Model nicht dort ab, wo ein Gelenk sitzt. Das wirkt nämlich, als würde der jeweilige Körperteil fehlen, also nicht sehr vorteilhaft.

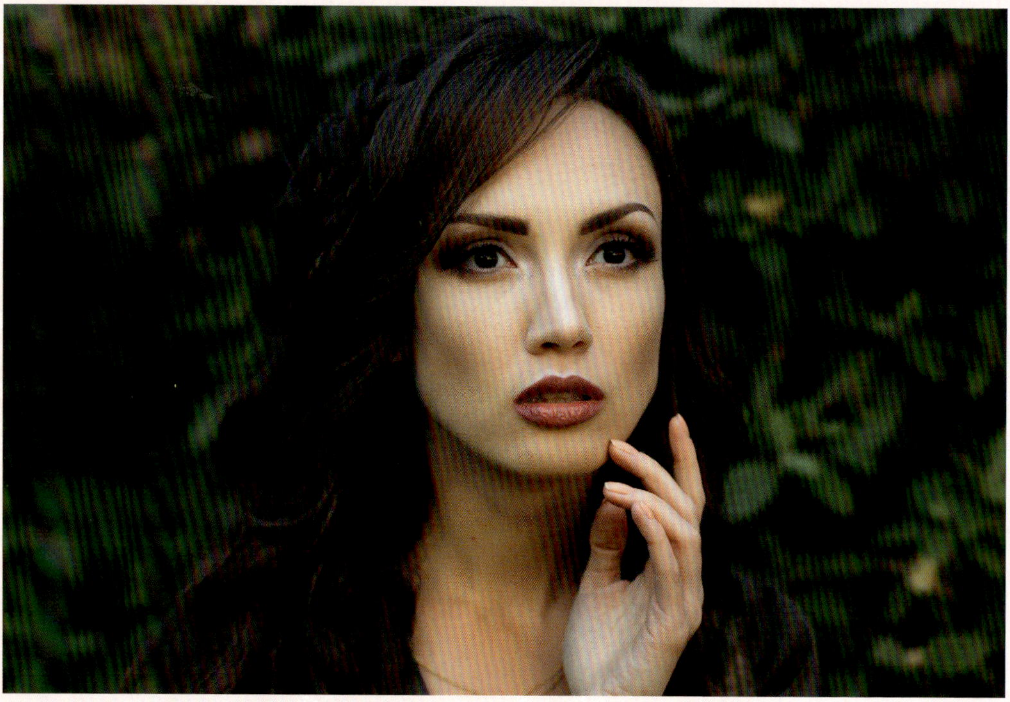

Das Handgelenk „fehlt“

Achte außerdem darauf, die Person an schlanken Stellen zu schneiden. Das menschliche Gehirn führt Linien fort. Wenn die Linien am unteren Bildrand nun auseinandergehen, denkt unser Gehirn automatisch, die Person würde immer breiter.

Deswegen solltest du darauf achten, dass die Person zum Bildrand hin schlank wirkt, indem die Linien zusammenführen. Bei Porträts löse ich das so, dass die Person die Arme vor dem Körper zusammennimmt und die Ellenbogen sich immer am bzw. etwas vor dem Oberkörper befinden. Dadurch erreichst du Linien, die am unteren Bildrand zusammenführen – und dein Model wirkt noch filigraner.

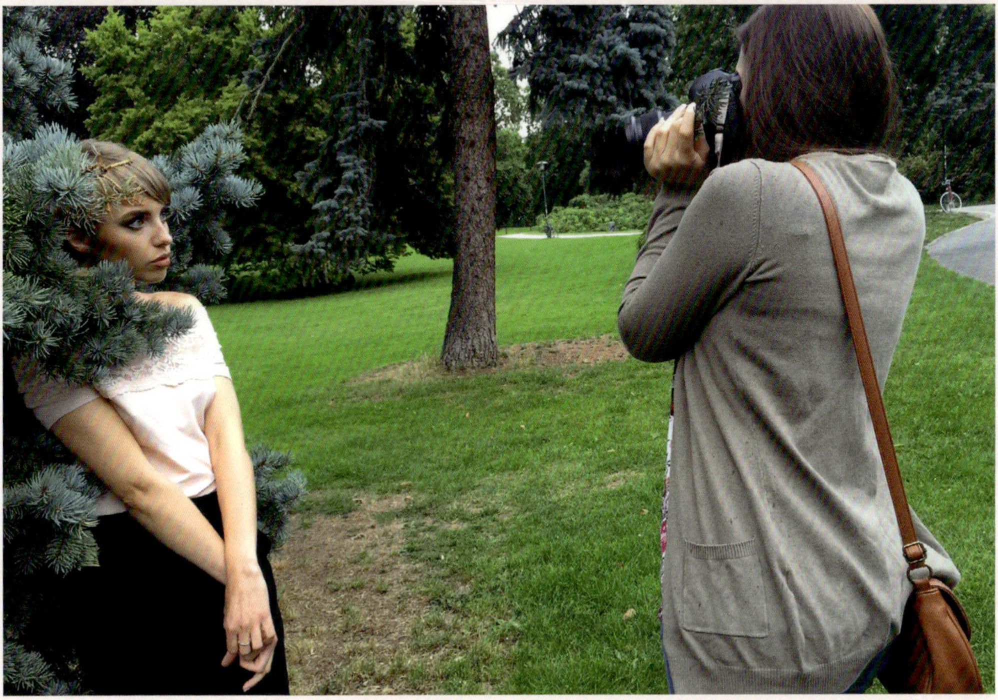

Durch Linien, die am unteren Bildrand zusammenführen, wirkt das Model filigraner

Achte außerdem immer darauf, dass die Augen auf der oberen Drittellinie platziert sind (Drittelregel).

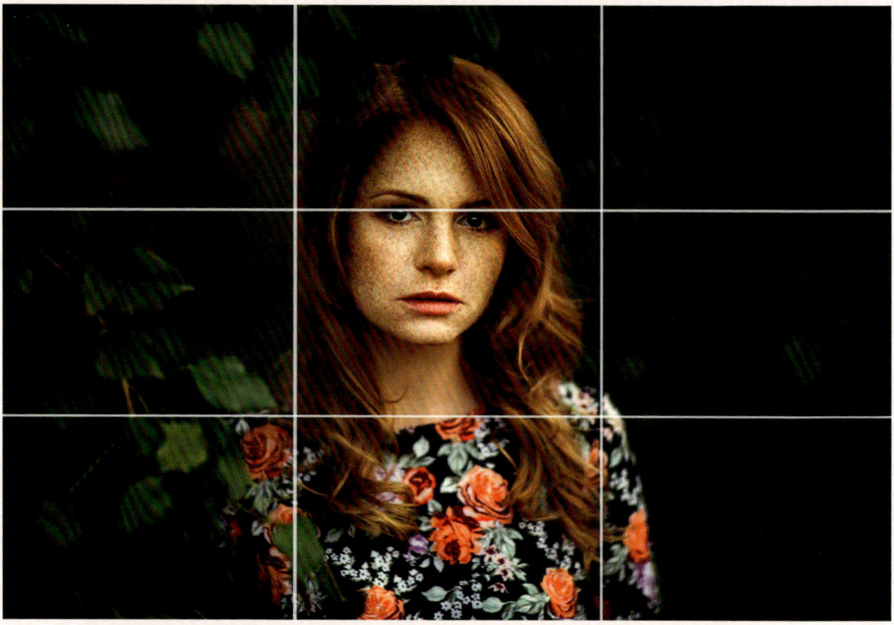

Die Augen liegen auf der oberen Drittellinie

Strukturen im Bild

Kommen wir zu einem Thema, das mir sehr am Herzen liegt: Strukturen. Ich arbeite in meinen Bildern stets mit Strukturen, sei es im Hintergrund oder auf der Person selbst. Einerseits wirkt das Bild interessanter, weil es einfach mehr zu entdecken gibt. Andererseits lenkst du durch die Strukturen von hellen Flächen ab, die den Blick auf sich ziehen. Achte daher auch auf die passende Kleidung: Nicht nur die Farbe ist entscheidend, sondern auch die Struktur. Grobstrick ist besser als Feinstrick, Spitze ist mein Liebling.

Jetzt weißt du sicherlich auch, warum ich Locken lieber mag als glatte Haare. In jeder Locke haben wir Licht und Schatten. Arbeiten wir nun mit geringem Schärfebereich, haben wir durch die Locken und die Kleidung eine wunderschöne Struktur im Unschärfebereich unseres Porträts.

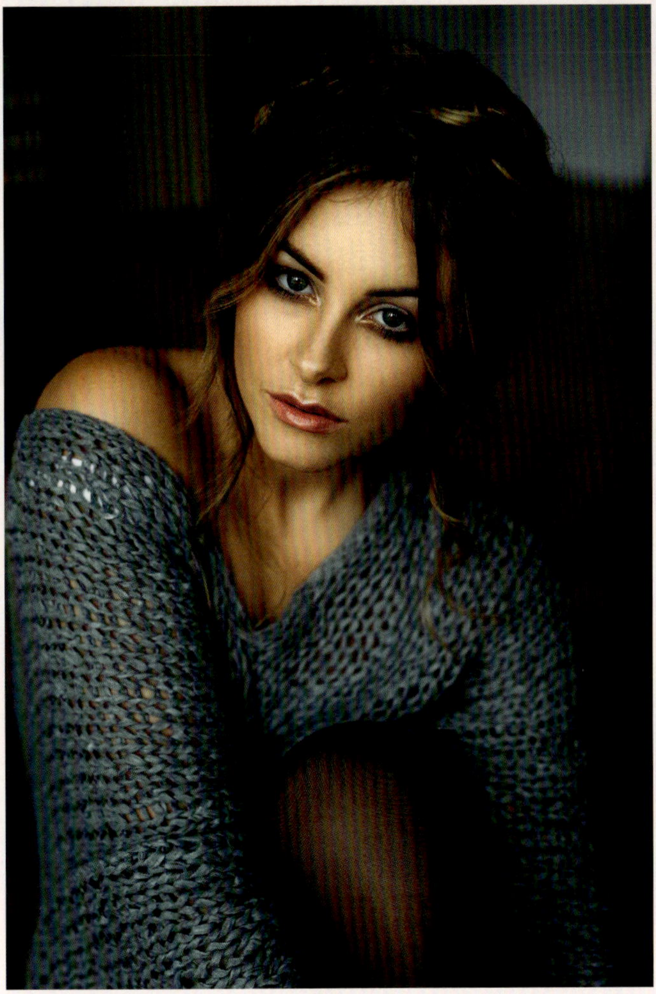

Strukturgebendes Element: die Kleidung

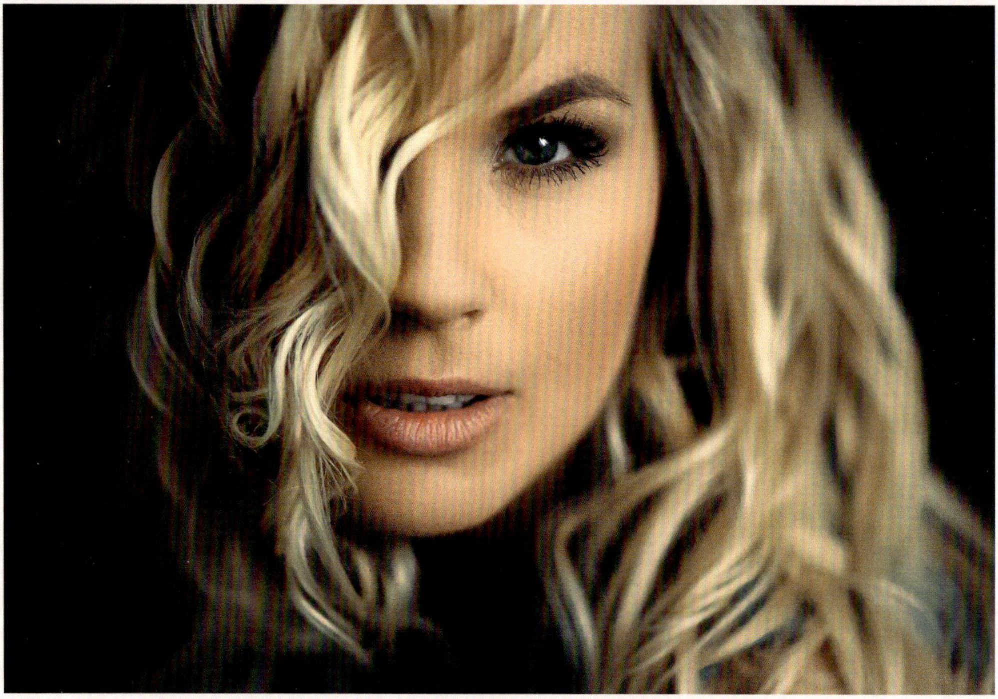

Strukturgebendes Element: die Frisur

Bei einigen Aufnahmebereichen hast du nicht immer die Möglichkeit, mit Kleidung oder Haaren als strukturgebendes Element zu arbeiten. Was ist die natürlichste Methode, eine Struktur zu erschaffen? Schatten! Schatten geben uns die Möglichkeit, den Körper bzw. das Gesicht optisch zu formen, ohne zwingend mit Haaren oder Kleidung arbeiten zu müssen. Arbeitet du also sehr körperbetont, würde ich dir raten, auf dem Körper Schatten einzubauen und nicht alles frontal zu beleuchten. Achte hierbei darauf, dass das Dekolleté von der Lichtquelle abgewandt ist, während der Kopf zurück zur Lichtquelle gedreht wird. So liegt der Fokus auf dem Gesicht, und der Rest vom Körper wird spannender dargestellt.

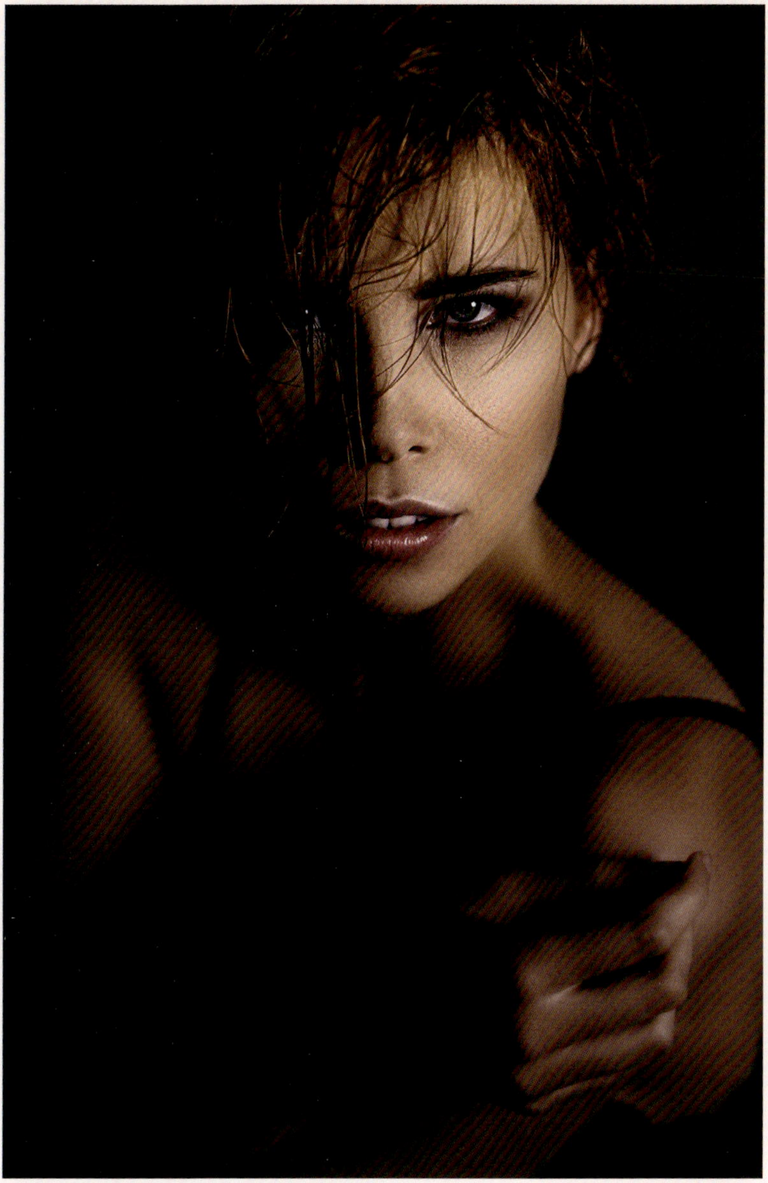

Auch Schatten können Struktur schaffen

STRUKTUREN ERZEUGEN

Versuche stets, in deinem Bild mit Strukturen zu arbeiten. Die natürlichste Struktur erreichst du durch Schatten auf der Haut. Arbeitest du mit eher frontalem Licht, kannst du Strukturen durch lockige Haare oder grobmaschige Kleidung (Spitze, Strick) erreichen.

Farben

Nicht nur die Struktur im Bild ist wichtig, auch die Farben. Wenn du dir einen unscharfen Hintergrund genau anschaust, fällt dir auf, dass in der Unschärfe nur zwei Dinge bleiben: die Struktur und die Farbe. Der Rest verschwindet in der Unschärfe. Vor allem bei offener Blende sind diese zwei Dinge daher noch wichtiger.

Google mal im Internet nach dem Wort „Farbkreis“. Wenn du dir den Farbkreis anschaust, siehst du genau, welche Farben aus der gleichen Ecke kommen und welche sich gegenüberliegen.

Die Farben, die nebeneinanderliegen, wirken besonders harmonisch miteinander. Die Farben, die sich gegenüberliegen, nennt man Komplementärfarben. Nebeneinander eingesetzt heben sich Komplementärfarben gegenseitig hervor. Diesen Fakt kannst du dir gezielt zunutze machen.

Ich versuche stets, in meinen Bildern nicht mehr als zwei Hauptfarben im Bild zu nutzen, die sich entweder gegenseitig ergänzen (gleiche Farbtöne) oder hervorheben (Komplementärfarben). Arbeiten kannst du hier zum einen mit der Hintergrundfarbe und zum anderen mit der Kleidungsfarbe.

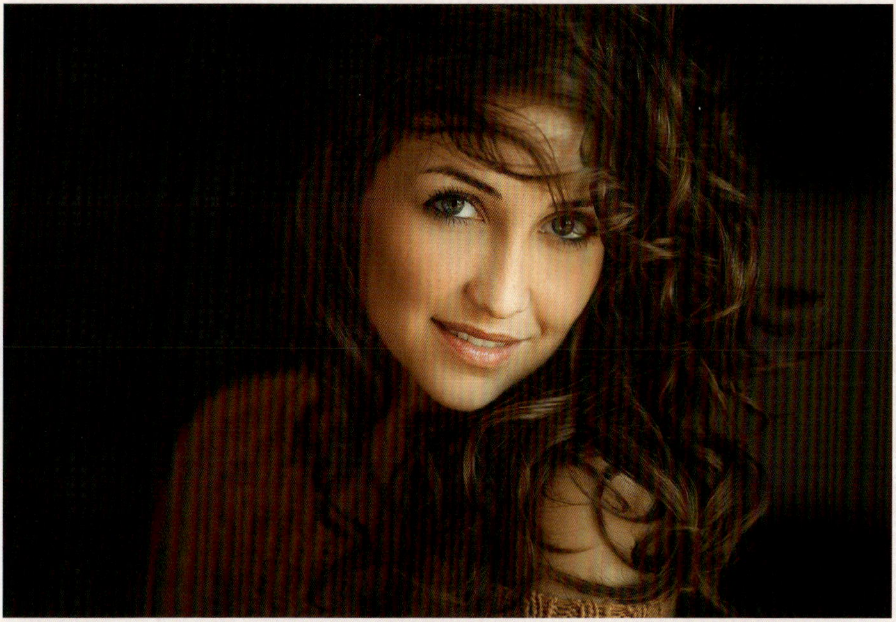

Gleiche Farben

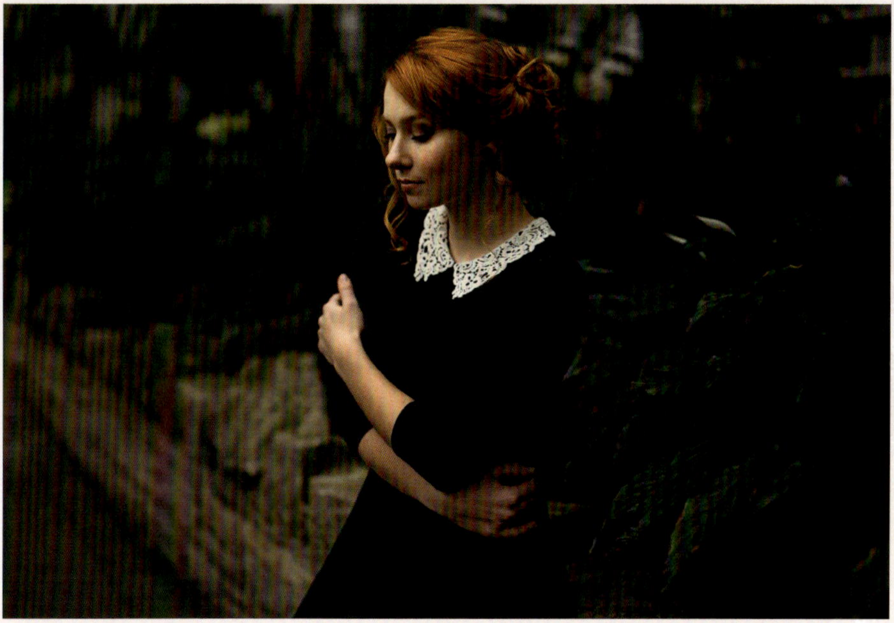

Komplementärfarben: Haare komplementär zum Hintergrund (rot und grün)

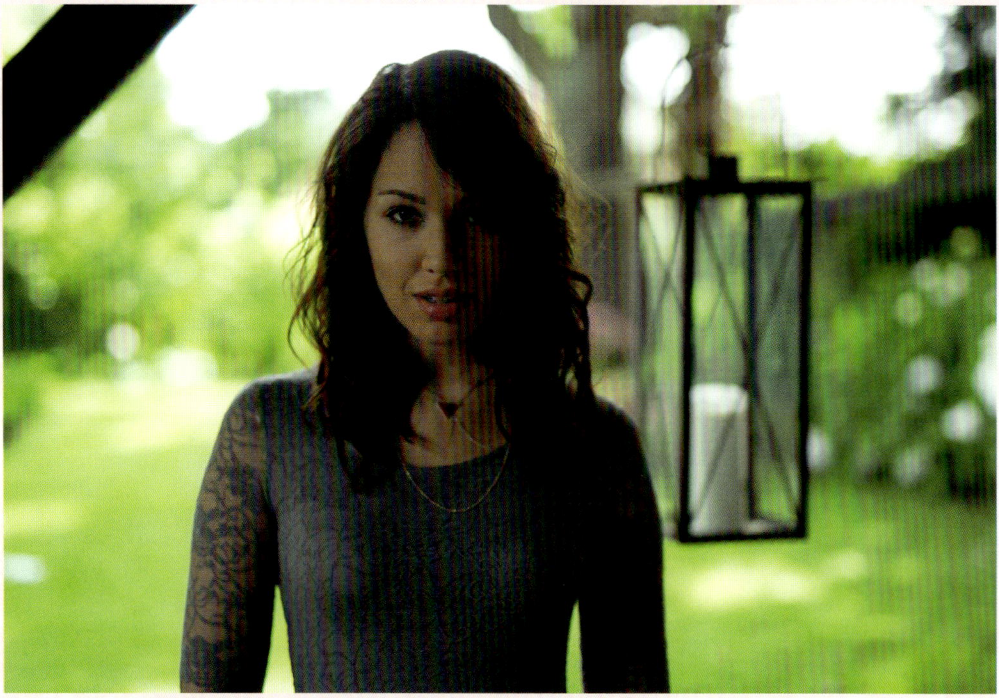

Hellgrün lenkt zu sehr von der Person ab

Hat ein Model eine extreme Haarfarbe (z. B. rot), kannst du diese durch Kleidung oder den Hintergrund besonders hervorheben. Deswegen wirken auch rothaarige Models in einem dunkelgrünen Wald so besonders.

Farben, die ich nicht mag, sind übrigens hellgrün und gelb. Alle diese neonartigen Farben lenken mich zu sehr von meinem Hauptmotiv, meiner Person, ab. Vermeide diese Farben in deinen Bildern und arbeite eher mit gedeckten Farben: Ein dunkles Grün wirkt gemeinsam mit der Hautfarbe viel harmonischer.

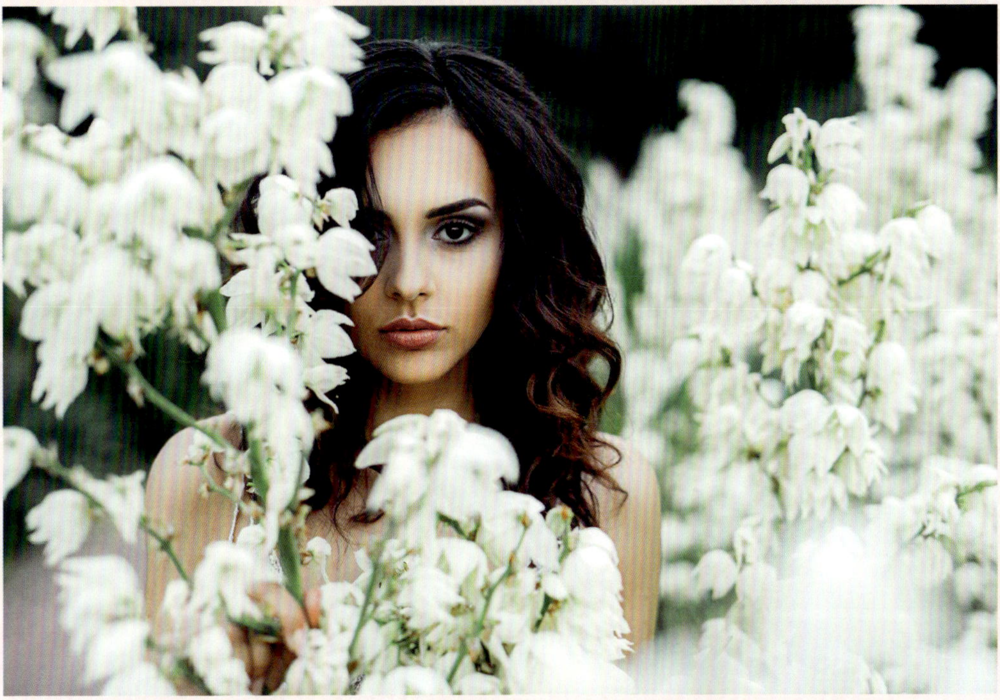

Dunkelgrün wirkt harmonisch

Location

Wie Strukturen und Farben funktionieren, weißt du jetzt, aber wo nimmst du dein Bild am besten auf? Du solltest auf alle Fälle vermeiden, den „Locationblick“ einzusetzen. Damit meine ich den Blick, der „schöne Locations“ sucht, eine tolle Treppe, ein tolles Schloss, ein großartiges Gebäude. All diese Locations sind super geeignet für Bilder, bei denen du viel vom Hintergrund erkennst. Aber wenn du dir meine Bilder genau anschaust, siehst du, dass der Hintergrund unwichtig ist und lediglich (ja, ich betone es noch einmal!) die Farben und die Strukturen das sind, was zählt.

Setze also anstatt einem „Locationblick“ eher einen „Farb- und Strukturenblick“ ein: Welche Farbe passt zu der Kleidung des Models? Gehen wir davon aus, sie hat blonde Haare. Blond ist ein Gelbton. Die passende Komplementärfarbe dazu ist blau. Dann suchst du dir einen bläulichen Hintergrund, um die blonden Haare perfekt zu betonen. Alternativ zieht sie eine blaue Strickjacke an und ihr nutzt einen neutralen Hintergrund. Möchtest du mit gleichen Farbtönen arbeiten, kannst du dir auch einen braunen oder beigen Hintergrund suchen. Bietet die Location außerdem eine interessante Struktur? Perfekt!

Mit diesem Blick kannst du perfekt die Farben und Strukturen deines fertigen Bildes bestimmen und so dein Bild interessanter gestalten. Auch kleine Farbtupfer am Wegrand können einen perfekten Hintergrund für deine Fotos bieten, etwa der Strauch im folgenden Beispiel.

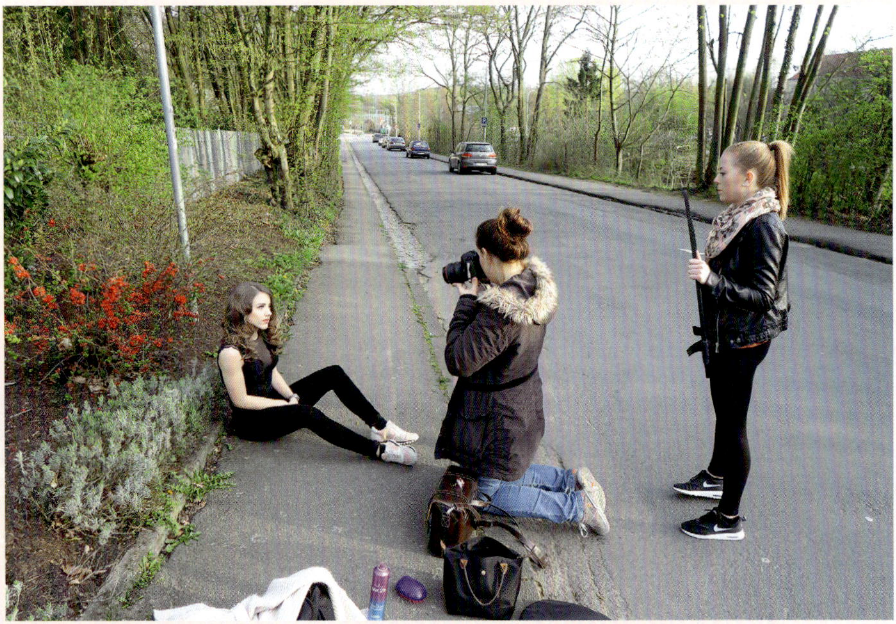

Auch unscheinbare Locations können toll als Hintergrund wirken

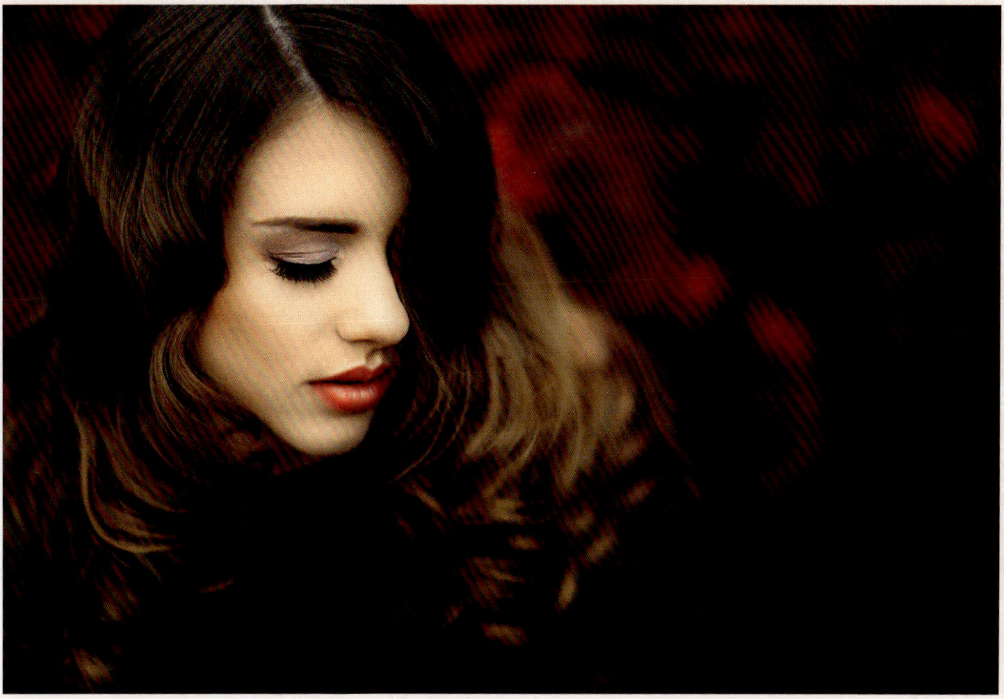

Porträt am Straßenrand aufgenommen – wirkt wie ein Blumenmeer

BÄUME UND STRÄUCHER RICHTIG EINSETZEN

Wenn du gern in der Natur mit Sträuchern und Blumen arbeitest, solltest du darauf achten, dass es dahinter dunkel ist. Scheint der Horizont durch, hast du helle Flecken im Bild, die den Blick vom Model ablenken.

MIT DEM MODEL ARBEITEN

Die Beherrschung von Technik und Bildaufbau sind unabdingbare Voraussetzungen für gute Bilder. Damit deine Bilder aber richtig gut werden, solltest du mit deinem Model auf Augenhöhe sein. Wie du ihr deine Ideen und Wünsche mitteilst und sie sich wohlfühlt, erfährst du in diesem Kapitel.

Das Posing

Bestimmt hast du die folgende Frage von deinem Model schon oft gehört: „Wie soll ich mich hinsetzen?“ Wenn es um die Frage geht, ist unsere Aufmerksamkeit direkt bei unserem Model. Wir denken, gekonnte Posen müssten sein, damit es professionell und ideenreich wirkt. Aber eins kann ich dir bei emotionalen Porträts versprechen: Weniger ist mehr.

Arbeite lieber mit kleinen Bewegungen anstatt mit großen Posen. Eine kleine Handbewegung sagt oftmals viel mehr aus, als den Arm in irgendwelchen komischen Winkeln zu verbiegen. Das wirkt sehr gekünstelt und das sollen unsere Bilder ja auf gar keinen Fall sein. Bei natürlichem Licht ist es so, dass unsere Lichtquelle feststeht. Wir können sie nicht wie einen Blitz hin und her schieben und so ausrichten, wie es uns gefällt. Bei natürlichem Licht müssen wir zwingend die Pose des Models nach dem Licht ausrichten, damit es vorteilhaft aussieht. Das bedeutet im Umkehrschluss: Die Pose des Models ist komplett durch das Licht bestimmt. Mach dir also weniger Gedanken darüber, welche Posen gut aussehen, sondern überlege dir lieber, wie du das Model hinstellen musst, damit das Licht gut aussieht.

IN BEWEGTEN SZENEN DENKEN

Denk bei emotionalen Porträts nicht an eine bestimmte Model-Pose, sondern denke in Filmszenen (z. B. ein Musikvideo). Was würde ein Mädchen in einem Film machen, das sich jetzt an dieser Location befindet? Filme beinhalten natürlichere Bewegungen als Modelshootings.

Posing-Checkliste

Im Idealfall sind die folgenden vier Punkte berücksichtigt und umgesetzt:

1. Schultern: Eine Schulter zur Kamera, gerader Rücken, Schultern etwas nach vorn drücken, damit das Schlüsselbein sichtbarer wird (Struktur am Dekolleté).
2. Arme: Die Arme vor dem Körper zusammennehmen.
3. Kopf: Den Kopf leicht neigen. Das passt zu dem verträumten sinnlichen Stil.
4. Hände: Die Hände nur seitlich zur Kamera zeigen. Keine Handflächen zeigen, hier entstehen sonst wieder Flächen, die den Blick des Betrachters ablenken.

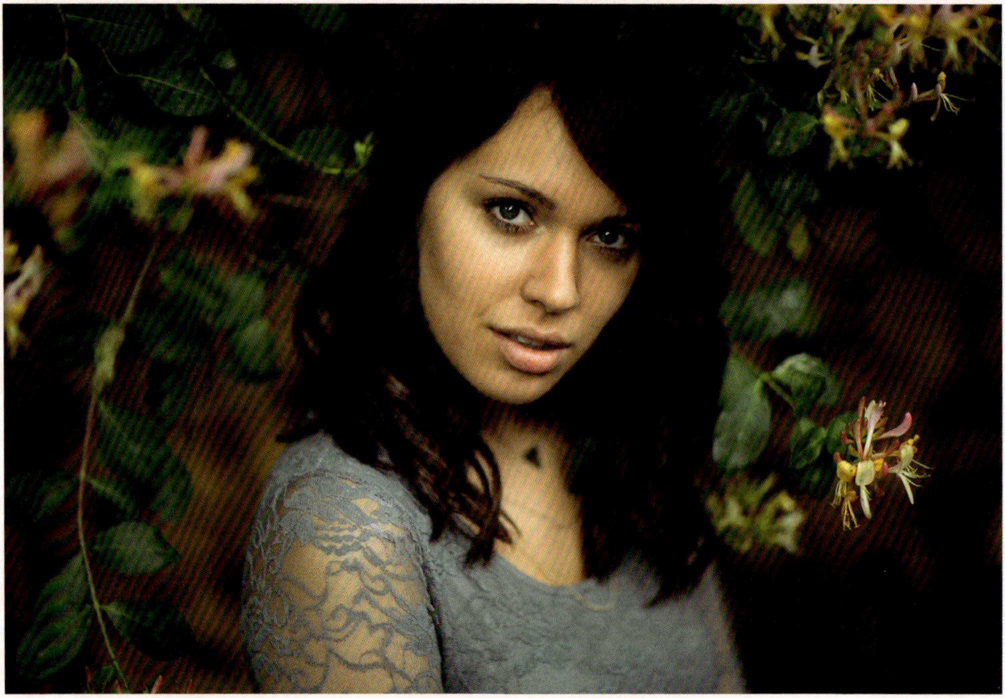

Eine Schulter ist zur Kamera gedreht, der Kopf ist geneigt

BITTE NICHT „SPIEGELN"!

Weder beide Arme noch beide Beine sollten genau das Gleiche machen. Gib jeder Hand eine unterschiedliche Aufgabe, z. B. eine im Haar, eine an der Kette.

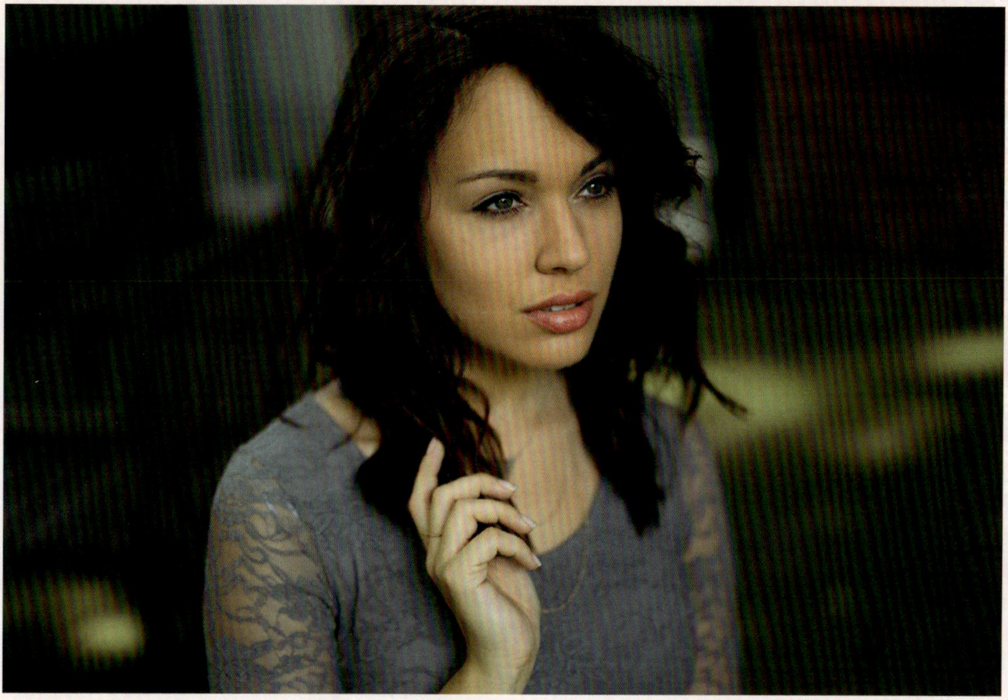

Die Hände zeigen seitlich zur Kamera

Wie sag ich's meinem Model?

Hast du auch oft Probleme, deinem Model zu sagen, was sie tun soll? „Kopf nach rechts. Nein – ich meine rechts von dir aus gesehen. Nein, doch die andere Seite!" Oft lacht hier das ganze Team, und es kann zu sehr witzigen Momenten kommen. Oft verzweifelt man aber auch, weil man nicht weiß, wie man das Model perfekt anleiten soll. Ich habe die ideale Möglichkeit für dich.

1. Das menschliche Gehirn neigt dazu, Dinge zu spiegeln. Zeige ich nun mit meinem Arm und meiner Hand in meine Wunschrichtung und sage dazu einfach „Neig mal deinen Kopf", kann ich dir versprechen, dass dein Model genau die Richtung wählt, die du dir gewünscht hast.
2. „Deine Nase ist jetzt mit einem Faden an meine Hand gefesselt. Wo meine Hand hingeht, geht deine Nase hin." So kannst du die Position des Kopfes genau steuern und genau sehen, wie sich die Schatten im Gesicht verhalten.
3. „Deine Augen sind nun mit einem Faden an meine Hand gefesselt. Wo meine Hand ist, gehen deine Augen hin." So kannst du den Blick des Models steuern und den Lichtpunkt im Auge genau dort hinsetzen, wo du ihn haben möchtest.

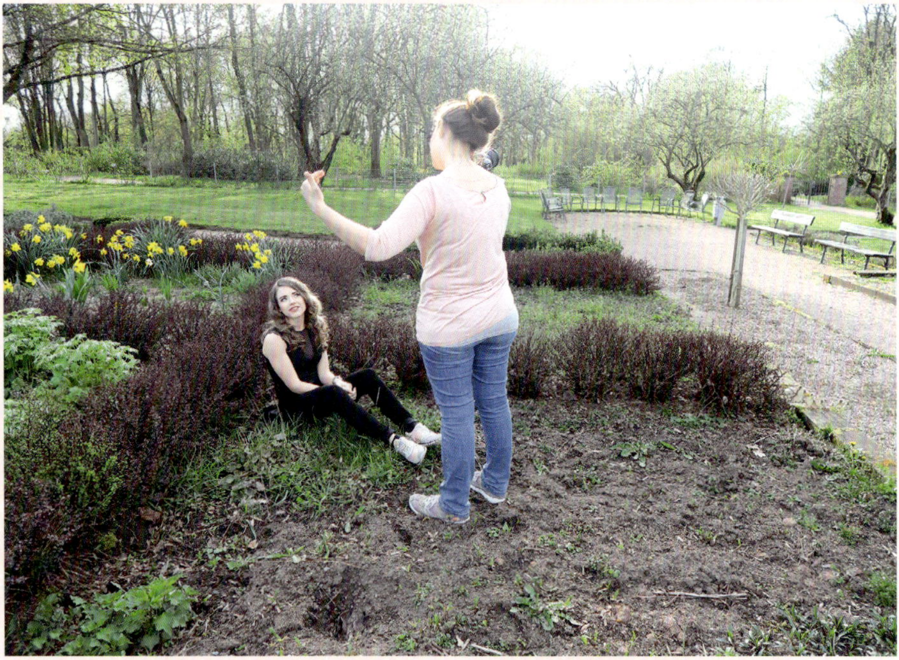

„Wo meine Hand ist, gehen deine Augen hin"

Kommunikation

Nichts ist beim Shooting wichtiger als die Kommunikation selbst. Wenn dein Model sich wohlfühlt, sieht man das auch an den fertigen Bildern.

Bilder schicken

Schick deinem Model vor dem Shooting Beispielbilder, damit sie weiß, was du dir vorstellst. So seid ihr beim Shooting auf einer Wellenlänge und beide wissen, welche Ergebnisse später rauskommen sollen. Sie kann die entsprechende Kleidung einpacken und ihr könnt direkt loslegen.

Respekt zeigen

Dein Model möchte eine bestimmte Pose nicht machen? Sie möchte das Outfit, das du rausgesucht hast, nicht anziehen? Sprich solche Dinge vorher ab und respektiere vor Ort ihre Meinung.

Kommunizieren

Du solltest alles kommunizieren, was du tust. Sowohl vor dem Shooting als auch währenddessen. Kann dein Model sich noch entspannen, weil du momentan noch dein Licht oder deine Kamera einstellst? Sage es ihr, denn dann braucht sie noch nicht mit dem Posing loszulegen. Im schlimmsten Falle ist sie nämlich schon dann ausgepowert, wenn du gerade anfangen möchtest.

Und: Wie viel von ihr ist gerade auf dem Bild zu sehen? Machst du ein Porträt oder eine Ganzkörperaufnahme? Diese Information hilft dem Model, sich entsprechend zu positionieren.

Dinge vormachen

Dein Model kann besser nachvollziehen, was in deinem Kopf vor sich geht, wenn du ihr die entsprechende Pose vormachst. Das kann durchaus etwas doof aussehen, wenn wir als Fotografen das versuchen, aber wir stehen ja zum Glück nur hinter der Kamera – Hauptsache, dein Model versteht deine Vorstellungen!

Für Entspannung sorgen

Viele, die mit Fotografie wenig Erfahrung haben, kennen nur das, was die Medien ihnen erzählen: Models müssen posen und nach jedem Klick die Pose ändern. Erkläre deinem Model, dass das bei dir nicht nötig ist und sie sich entspannen kann. Bei Porträts geht es viel mehr um das Gesicht und um die Augen, nicht so sehr ums Posing. Das entspannt dein Model, wenn sie noch nicht oft vor der Kamera stand.

Bilder zeigen

Zeige deinem Model die Bilder schon auf der Kamera. So kann sie selbst ihre Pose anschauen und beurteilen, ob sie auch sich selbst gefällt.

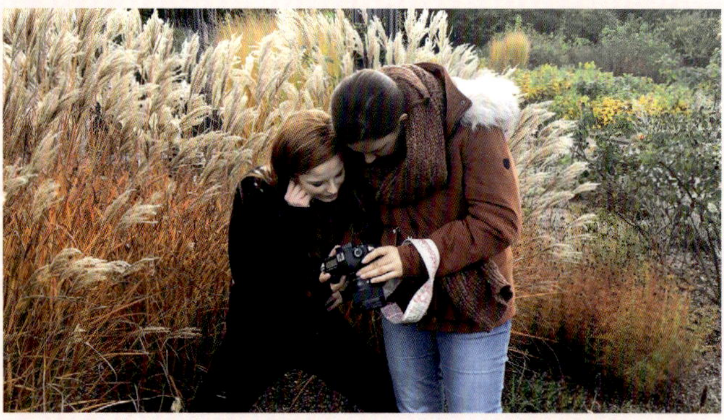

FOTOWORKSHOP

Im folgenden Workshopteil findest du zu einzelnen Bildideen jeweils ausführlichen Beschreibungen zum Ausprobieren, Nachmachen und Selbergestalten. Viel Spaß dabei!

Jetzt bist du dran! In folgenden Teil des Buches kannst du nun anhand fertiger Bilder von mir verschiedene Motive genau nachvollziehen und nach deinen eigenen Vorstellungen abwandeln.

Die Elemente „Vorbereitung“, „Licht“, „Technik und Bildaufbau“ sowie „Posing“ helfen dir, ein perfektes Bild zu schaffen. Sieh meine Vorlagen dabei als Anregungen, die du nach deinen Wünschen und Ideen verändern kannst.

Es geht nicht darum, meine Bilder eins zu eins nachzustellen, sondern selbst kreativ zu werden und die Mittel zu nutzen, die dir zur Verfügung stehen. Deiner Experimentierlust und Fantasie sind keine Grenzen gesetzt!

Auf der nächsten Seite stelle ich dir in einer Shooting-Checkliste noch einmal das Wichtigste zusammen, damit du für Deine Aufnahmen optimal vorbereitet bist. Danach kannst du loslegen!

Shooting-Checkliste

Technik:

- ◯ Habe ich die passende Brennweite?
- ◯ Passt meine Bildhelligkeit?
- ◯ Gefällt mir der Weißabgleich?
- ◯ Fokussiere ich das vordere Auge meines Models?

Licht:

- ◯ Kommt das Licht von oben?
- ◯ Hat mein Model einen Lichtpunkt in den Augen?
- ◯ Sind die Augenschatten unter den Augen aufgehellt?
- ◯ Habe ich einen Nasenschatten auf der Wange vermieden?
- ◯ Besitzt mein Model einen schönen Wangenschatten?
- ◯ Muss ich einen Reflektor einsetzen?
- ◯ Habe ich den Reflektor von oben eingesetzt?
- ◯ Stimmen Winkel und Abstand des Reflektors?

Bildaufbau:

- ◯ Sind ablenkende helle Stellen im Hintergrund?
- ◯ Sind Stellen auf der Person, die heller sind als das Gesicht?
- ◯ Fotografiere ich eher von oben als von unten?
- ◯ Sind die Augen auf der oberen Drittellinie?
- ◯ Habe ich vermieden, an Gelenken zu schneiden?
- ◯ Habe ich Strukturen im Hintergrund und auf der Person?
- ◯ Habe ich nicht mehr als zwei Hauptfarben im Bild?
- ◯ Spiele ich mit den Schärfeebenen?

Posing:

- ◯ Ist die Nase des Models in Richtung Licht gedreht?
- ◯ Sehe ich die Hände des Models von der Seite?
- ◯ Ist eine Schulter der Kamera zugedreht?
- ◯ Ist der Kopf leicht geneigt?
- ◯ Sind die Arme vor dem Körper zusammengenommen?
- ◯ Kommuniziere ich mit meinem Model?

Frühlingssonne

Vorbereitung

Suche einen Baum mit Blüten, bei dem Äste mit Blüten bis auf Kopfhöhe herunterhängen. Nun kannst du dein Model ideal daran positionieren.

Licht

Wähle die späte Abendsonne und positioniere dein Model gegenlichtig. Helle von vorne mit einem Reflektor auf. Den Abstand wählst du so, dass das Gesicht aussieht, als wäre es bewölkt. Achte darauf, nicht direkt von vorne aufzuhellen, sondern von leicht seitlich und oben. Nun erhältst du einen schönen Lichtpunkt im Auge, und das Gesicht ist aufgehellt.

Technik und Bildaufbau

Wähle eine 50-mm-Brennweite, um auch die Umgebung auf das Bild zu bringen. Achte darauf, dass die Farben im Bild aufeinander abgestimmt sind (entweder gleich oder komplementär). Hier habe ich bewusst mit Blau- und Grüntönen gearbeitet, um den gewünschten Look zu erhalten. Der Lippenstift wirkt in dem sonst kühlen Bild als Farbtupfer.

Posing

Die Arme sollte sie vor dem Körper zusammennehmen, um den Körper trotz frontaler Perspektive optisch schlanker zu gestalten. Der Blick geht direkt in die Kamera.

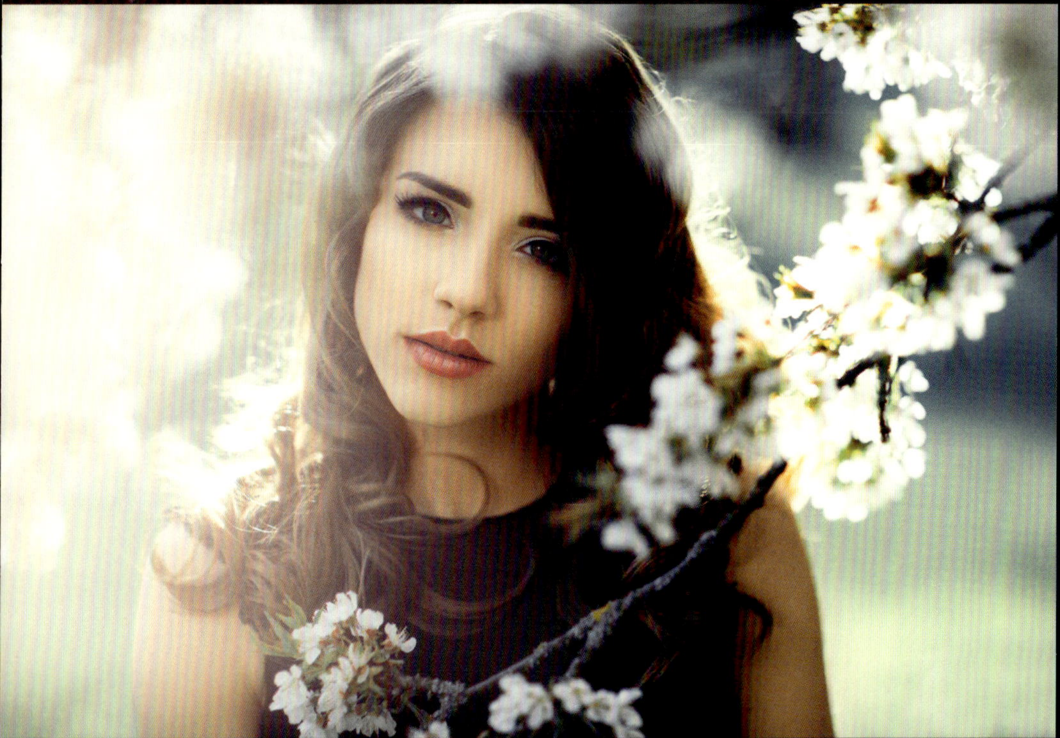

Spiel mit Blüten

Vorbereitung

Für dieses Set benötigst du Pflanzen auf Bodenhöhe in einer schönen Farbe, lila ist dafür perfekt. Positioniere dein Model inmitten der Äste.

Licht

Nimm für dieses Set weiches Licht. Arbeite daher entweder bei Wolken oder mit Diffusor, um das Licht weich zu gestalten und harte Schatten im Gesicht des Models zu vermeiden.

Technik und Bildaufbau

Spiele mit der Schärfeebene, indem vor und hinter dem Model Blüten zu finden sind, an denen du vorbeifotografierst. Arbeite mit offener Blende, um einen geringen Schärfebereich zu haben. So kannst du dein Model perfekt freistellen.

Posing

Die Arme werden vor dem Körper zusammengenommen. Die Hände sollten nur von der Seite zu sehen sein. Lass dein Model mit den Blüten spielen und sie sanft in die Hand nehmen. Die Finger werden locker aufgefächert. Der Kopf wird leicht geneigt und die Augen gehen in Richtung Horizont, um einen Lichtpunkt zu erzeugen.

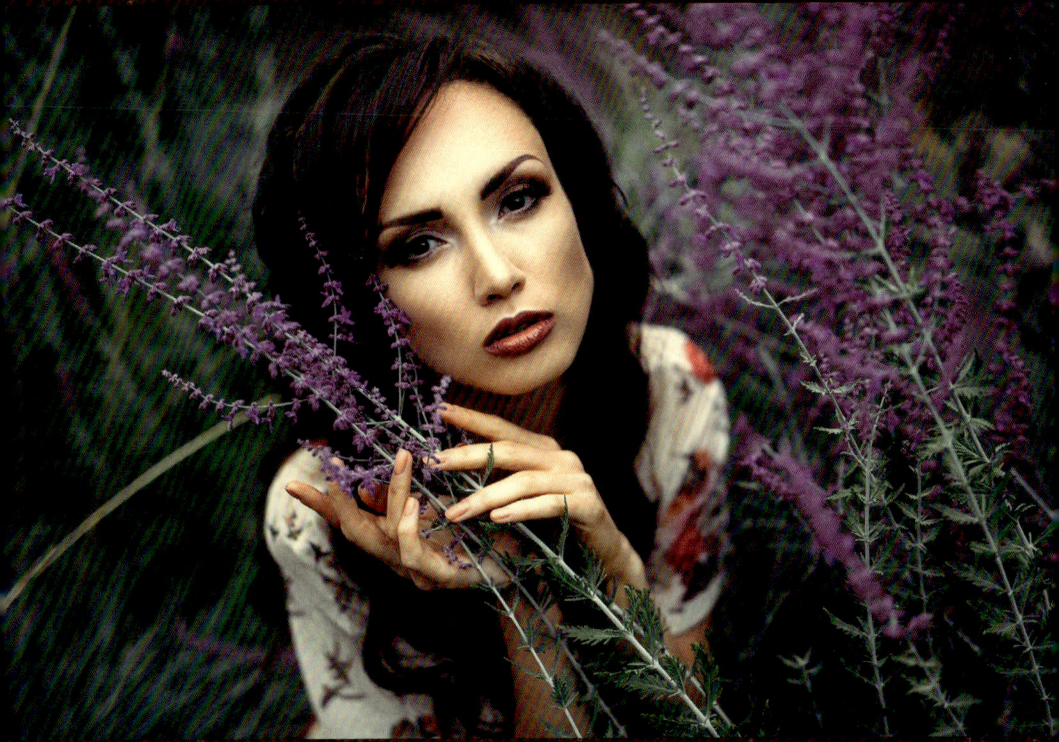

50 mm | f/1.4 | 1/400 s | ISO 100

Im weißen Blütenmeer

Vorbereitung

Hier brauchst du hohe große Pflanzen mit Blüten. Positioniere dein Model inmitten der Blüten und lasse sie ihre Top-Träger von den Schultern streifen. Alternativ kann sie ein schulterfreies Top anziehen.

Licht

Für dieses Set brauchst du weiches Licht. Arbeite daher bei Wolken oder mit Diffusor, um harte Schatten im Gesicht des Models zu vermeiden.

Technik und Bildaufbau

Wähle helle Blüten vor einem dunklen Hintergrund. Achte darauf, dass sich im Hintergrund keine helle Stelle befindet, die ablenkt. Spiele mit der Schärfeebene, indem sich vor und hinter dem Model Blüten befinden, die du in der Unschärfe darstellst. Halte dir eine Blüte vor das Objektiv, um einen Schleiereffekt zu erzeugen (du erkennst ihn rechts unten im Bild). Positioniere Blüten vor dem Dekolleté des Models, um von hellen Stellen abzulenken und den Fokus auf das Gesicht zu legen.

Posing

Lass dein Model in Richtung Horizont schauen, damit sie einen Lichtpunkt im Auge bekommt. Lege ihr die Haare nach vorne, um das Gesicht durch die Struktur der Haare zu formen. Dein Model schaut gerade zu dir in die Kamera.

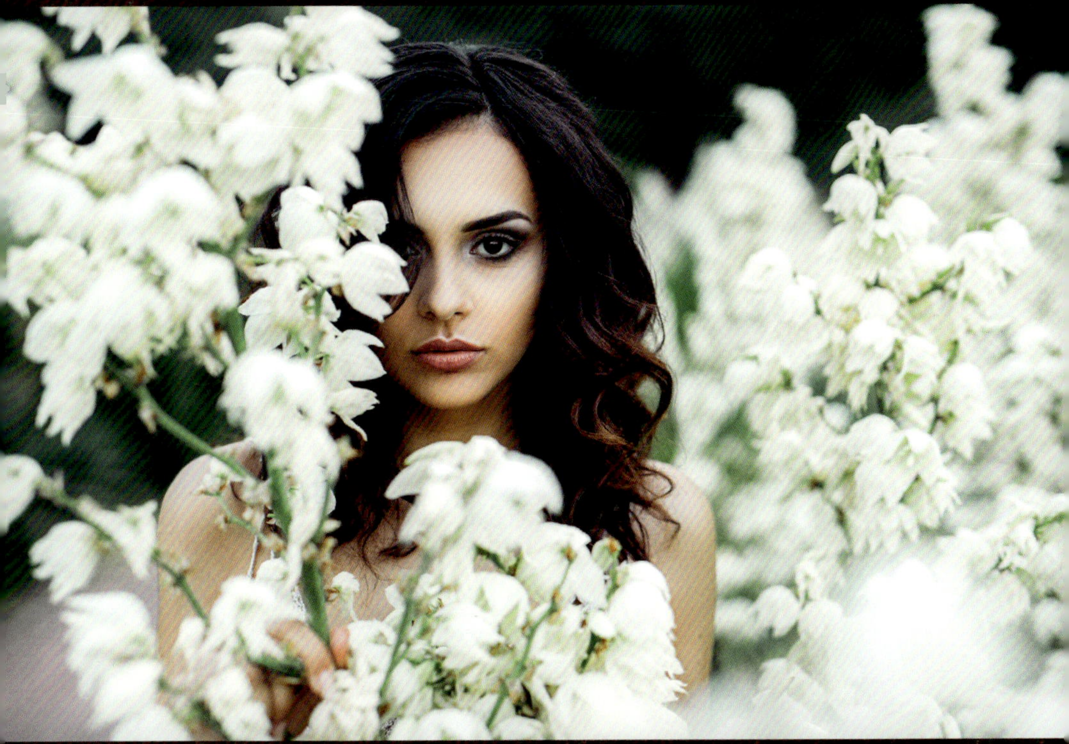

50 mm | f/2 | 1/80 s | ISO 200

Ein Traum

Vorbereitung

Du benötigst eine dunkle Hecke mit farbigen Blumen. Die Blumen sollten sich auf Kopfhöhe befinden, damit ein Bild im Stehen möglich ist.

Licht

Wähle bewölktes Wetter oder einen schattigen Ort, um das Licht gleichmäßig zu gestalten und weiche Schatten zu erhalten. Den Kopf sollte dein Model anheben, damit das Gesicht von der Wolkendecke gleichmäßig ausgeleuchtet wird.

Technik und Bildaufbau

Verwende eine 50-mm-Festbrennweite. Stell dein Model genau zwischen die Blüten, so wird sie optisch ein Teil davon. Fotografiere aus einer etwas erhöhten Position und fokussiere die Wimpern des Models.

Posing

Lass dein Model über die Schulter schauen und die Augen schließen, um das Bild noch sinnlicher zu gestalten. Den Kopf neigt sie in deine Richtung, sodass hier ein Wangenschatten entsteht. So wird das Gesicht optisch schön durch den Wangenschatten geformt und verstärkt die sinnliche Stimmung.

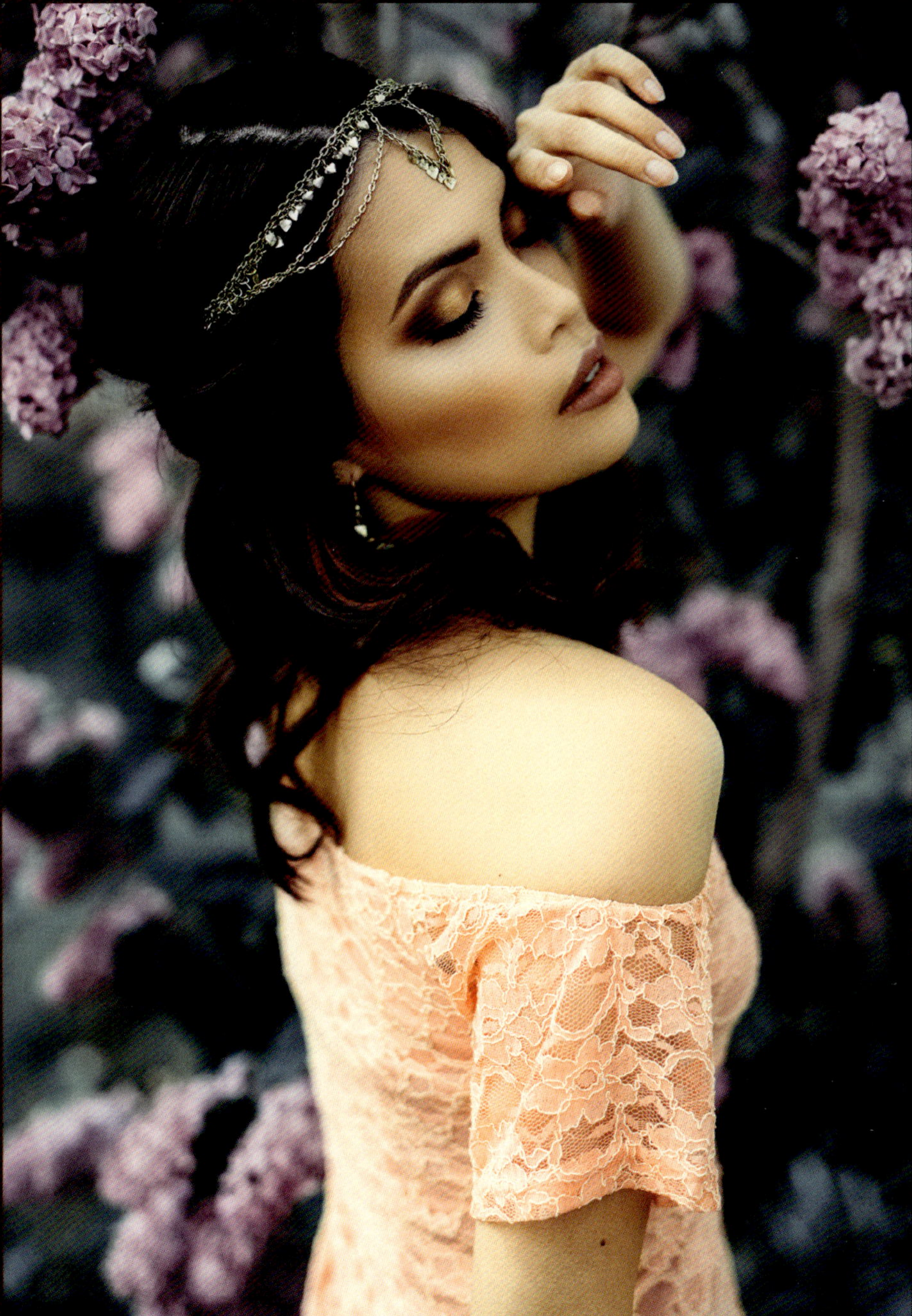

50 mm | f/1.8 | 1/125 s | ISO 100

Sehnsucht

Vorbereitung

Suche dir dunkle Blumen auf Bodenhöhe. Wenn du ein blondes oder rothaariges Model hast, ist ein blaues Oberteil ideal, um mit Komplementärfarben zu arbeiten. Blau und orange liegen sich im Farbkreis gegenüber, sie sind daher komplementär.

Licht

Arbeite mit weichem Licht und lass dein Model in Richtung Himmel schauen. So ist gewährleistet, dass die Augen hell sind und keine dunklen Augenschatten entstehen.

Technik und Bildaufbau

Das Model sitzt, du als Fotograf stehst. So kannst du mit einer 50-mm-Brennweite perfekt ein frontales Porträt deines Models machen. Positioniere die Augen auf der oberen Drittellinie des Bildes, um einen schönen Bildaufbau zu erhalten. Schneide dein Porträt unter der Schulter deines Models.

Posing

Eine Schulter wird der Kamera zugewandt, die Haare werden über die Schulter gelegt, um Strukturen zu erzeugen. Lass dein Model den Kopf in deine Richtung neigen. Die dem Himmel zugewandte Seite wird mit Haaren bedeckt, um von der hellen Stelle abzulenken, während die dem Boden zugewandte Wange einen tollen Wangenschatten bekommt. Du solltest jetzt von der Seite fotografieren, auf der man den Wangenschatten sieht, um das Gesicht plastisch darzustellen.

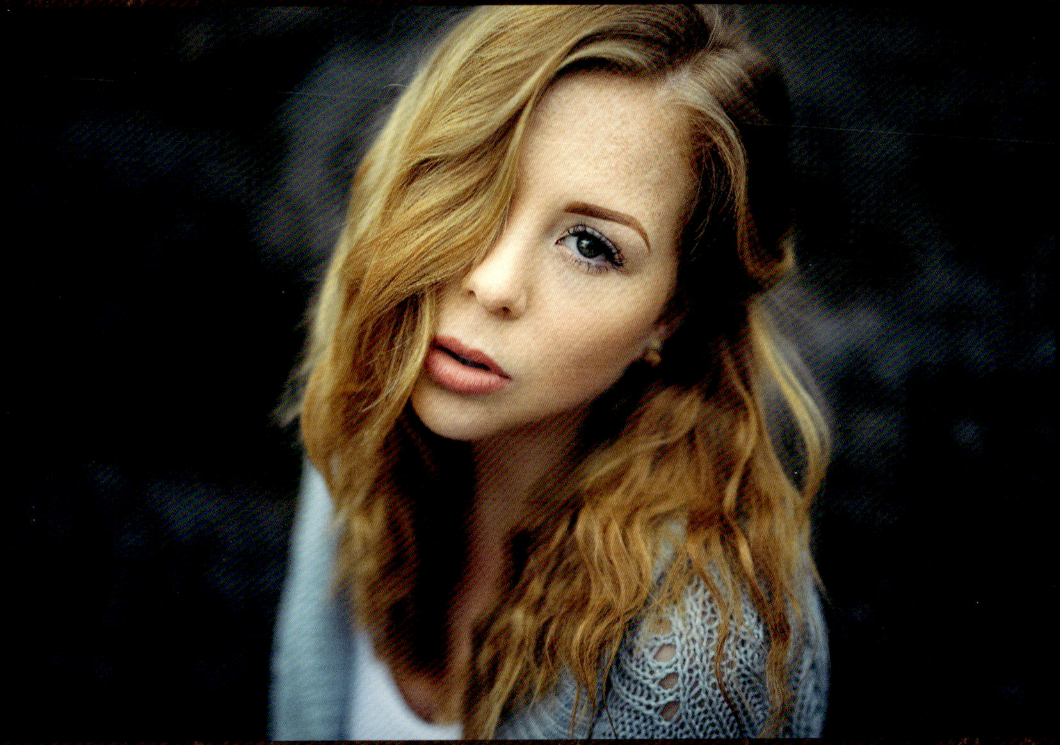

50 mm | f/1.4 | 1/1000 s | ISO 100

Efeuranken

Vorbereitung

Wähle eine Location, an der Efeu herabrankt oder an einer Wand wächst. Die weißen Blüten sorgen für einen zusätzlichen Kontrasteffekt. Positioniere dein Model inmitten des Efeus. Hier kannst du mit der Farbe des Oberteils experimentieren, da es im Hintergrund keine Hauptfarbe gibt. Rot ist ideal, da es die Komplementärfarbe zu Grün ist und du dadurch das Bild noch mehr strahlen lassen kannst. Bei diesem Bild habe ich ein weißes Kleid mit roten Blüten genutzt und passend dazu roten Lippenstift.

Licht

Für dieses Set brauchst du weiches Licht. Arbeite daher eher bei Wolken oder mit Diffusor. Dein Model schaut in Richtung Horizont, um einen Lichtpunkt im Auge zu erhalten.

Technik und Bildaufbau

Arbeite mit einer 50-mm-Festbrennweite mit offener Blende, um mit kleinem Schärfebereich zu spielen. Fokussiere die Augen deines Models und achte darauf, dass keine helle Stelle im Hintergrund zu sehen ist, die von deinem Model ablenkt. Achte darauf, nicht an Gelenken zu schneiden, da ja nun auch die Arme und Hände im Bild sind.

Posing

Dein Model sollte mit den Pflanzenranken spielen. Die Hände sollten hierbei nur von der Seite sichtbar sein. Eine Schulter wird der Kamera zugedreht, die Lippen leicht geöffnet.

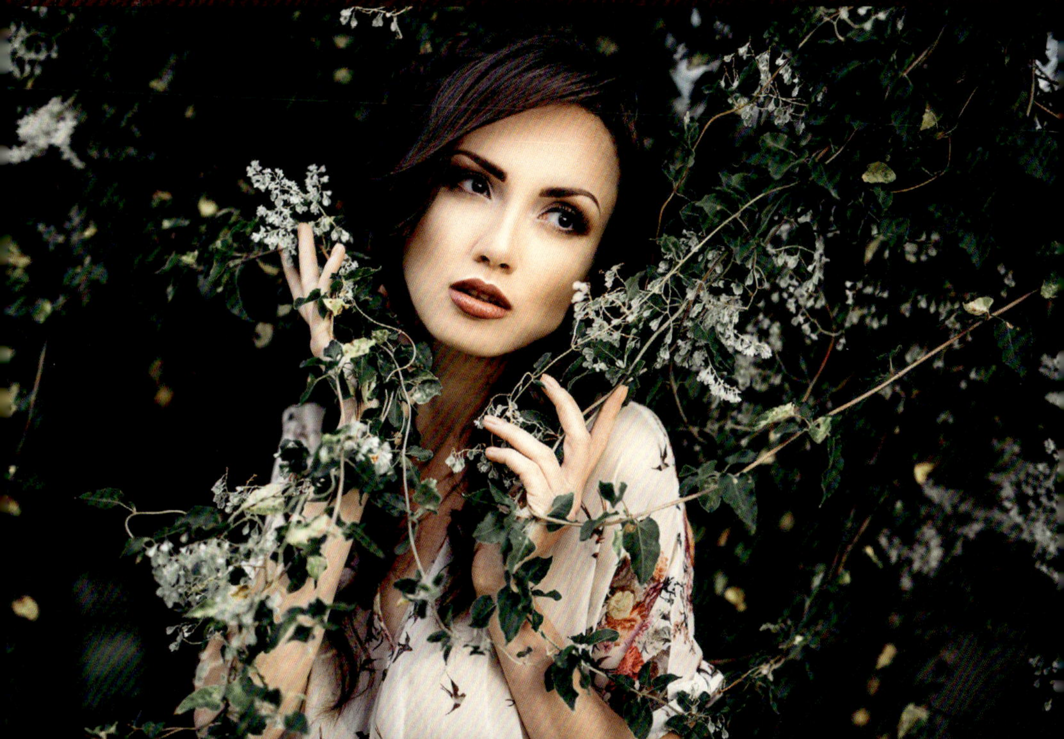

50 mm | f/1.4 | 1/1000 s | ISO 100

Diadem

Vorbereitung

Für dieses Bild benötigst du Kleidung und Hintergrund in Komplementärfarben. Zu dunkelgrüner Natur wählst du ein rotes Kleidungsstück mit Struktur.

Licht

Wähle bewölktes Wetter oder einen schattigen Ort, um das Licht gleichmäßig zu gestalten und weiche Schatten zu erhalten. Stell dein Model unmittelbar vor deinen Hintergrund. Setze frontales Licht ein, indem dein Model das Kinn zum Himmel anhebt. So erhält sie einen Lichtpunkt im Auge, und es entstehen keine dunklen Augenschatten. Vermeide Bildbereiche, die heller sind als das Gesicht deines Models. Achte darauf, dass sie einen Lichtpunkt im Auge hat.

Technik und Bildaufbau

Nutze eine 50-mm-Festbrennweite und wähle eine Kameraposition auf Augenhöhe des Models. Achte darauf, dass im Hintergrund nichts heller ist als das Gesicht oder farblich ablenkt. Stelle deine Kamera manuell eine Blende dunkler ein, um das Bild insgesamt dunkler zu gestalten.

Posing

Achte bezüglich der Pose deines Models darauf, dass beide Hände nur von der Seite zu sehen sind und jeweils etwas anderes machen (die Hände sollten sich nicht spiegeln). Die Arme deines Models sollten nicht an den Körper gedrückt werden, so wirken sie vorteilhafter.

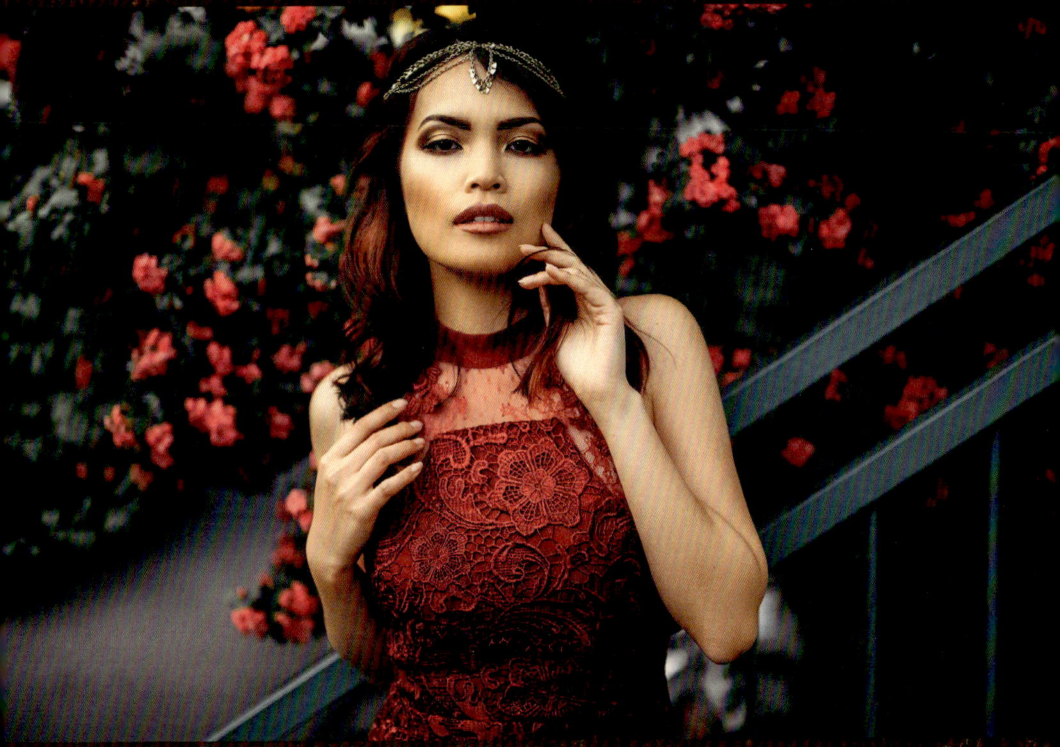

50 mm | f/1.4 | 1/320 s | ISO 160

Sonnenuntergang

Vorbereitung

Für dieses Set benötigst du tief stehende Sonne, also am besten kurz vor Sonnenuntergang. Dieses Bild hier ist fünf Minuten vor Sonnenuntergang entstanden. Dein Model sollte etwas Dunkles anziehen. Die Haare sollten für dieses Set locker fallen, damit das Licht auf den Haaren gut erkennbar ist.

Licht

Die Sonne ging gerade hinter den Häusern unter, und ich habe die letzten Sonnenstrahlen genutzt, um meinem Model eine Lichtkante auf das Haar zu setzen. Helle von vorne mit einem silbernen Reflektor auf, um das Gesicht hell und ein Augenlicht zu bekommen. Achte bezüglich des Reflektorabstands darauf, dass das Gesicht so aussieht, als wäre es bewölkt. Sieht es so aus, als schiene die Sonne, stehst du mit dem Reflektor zu nah vor dem Model.

Technik und Bildaufbau

Wähle deinen Bildausschnitt so, dass ein Strahl der Sonne direkt in dein Objektiv fällt. Positioniere die Augen deines Models auf der oberen Drittellinie.

Posing

Eine Schulter wird der Kamera zugedreht. Die Haare werden nach vorne über die Schulter gelegt, um eine Struktur auf dem Dekolleté zu erzeugen. Lege die Haare zusätzlich über die Wange, die dem Himmel zugeneigt ist. Aus der anderen Richtung fotografierst du, damit du den schönen Wangenschatten mit aufnehmen kannst.

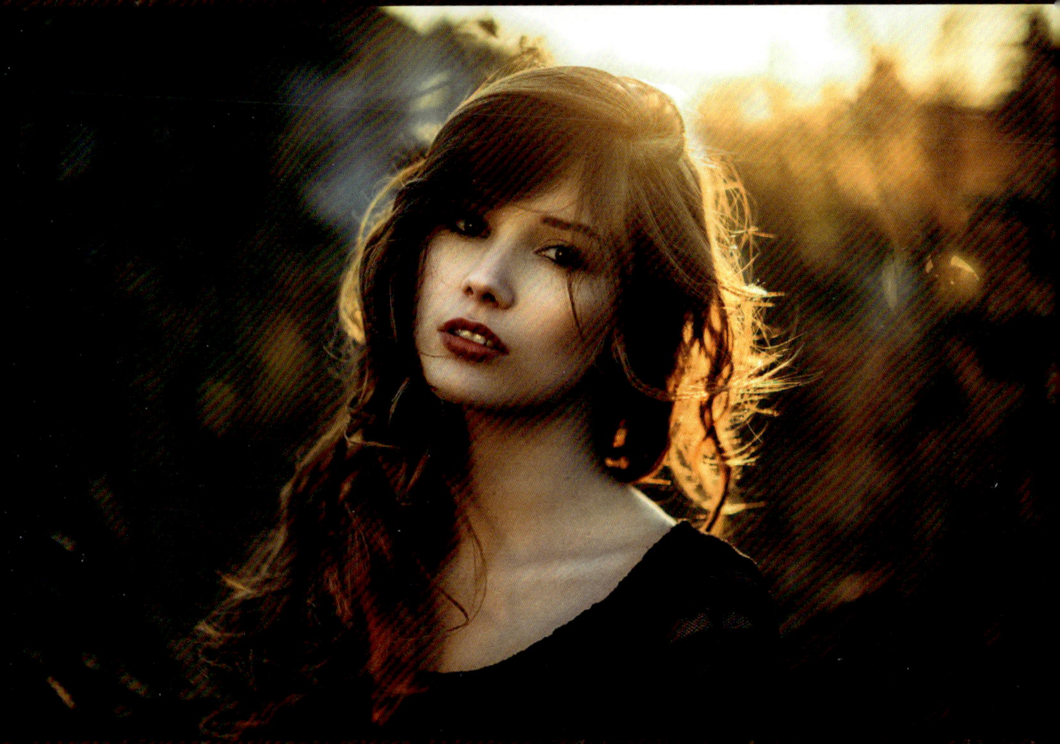

85 mm | f/1.2 | 1/2000 s | ISO 100

Haare umrahmen das Gesicht

Vorbereitung

Suche dir ein gemütliches Wohnzimmer, das du zum Shooten nutzen kannst. Wenn dein Model lange Haare hat, sollte sie sich Locken machen, um mit der Struktur die Bildwirkung zu verstärken. Arbeite bei kurzen Haaren mit Accessoires, um Strukturen am Dekolleté zu erzeugen.

Licht

Nutze nur ein Fenster als Lichtquelle und dunkle alle anderen Fenster im Raum ab. So erhältst du einen schönen dunklen Hintergrund, und der Fokus liegt auf deinem Model. Es sollte außerdem keine direkte Sonne durch das Fenster fallen. So erhältst du weiches Licht und weiche Schatten im Gesicht deines Models.

Technik und Bildaufbau

Nutze eine 50-mm-Festbrennweite und wähle eine Kameraposition auf Augenhöhe deines Models. Achte darauf, dass im Hintergrund nichts heller ist als das Gesicht deines Models oder farblich ablenkt. Stelle deine Kamera manuell eine Blende dunkler ein, um das Bild insgesamt dunkler zu gestalten.

Posing

Dein Model sollte frontal in die Kamera schauen und die Lippen leicht öffnen. Indem sie nun genau in die Lichtquelle schaut, hat sie eine wunderschöne Lichtreflexion im Auge. Achte außerdem darauf, dass sie ihre Arme vor dem Körper zusammennimmt. So kannst du perfekt an der schlanksten Stelle den Bildschnitt setzen und sie noch vorteilhafter ablichten.

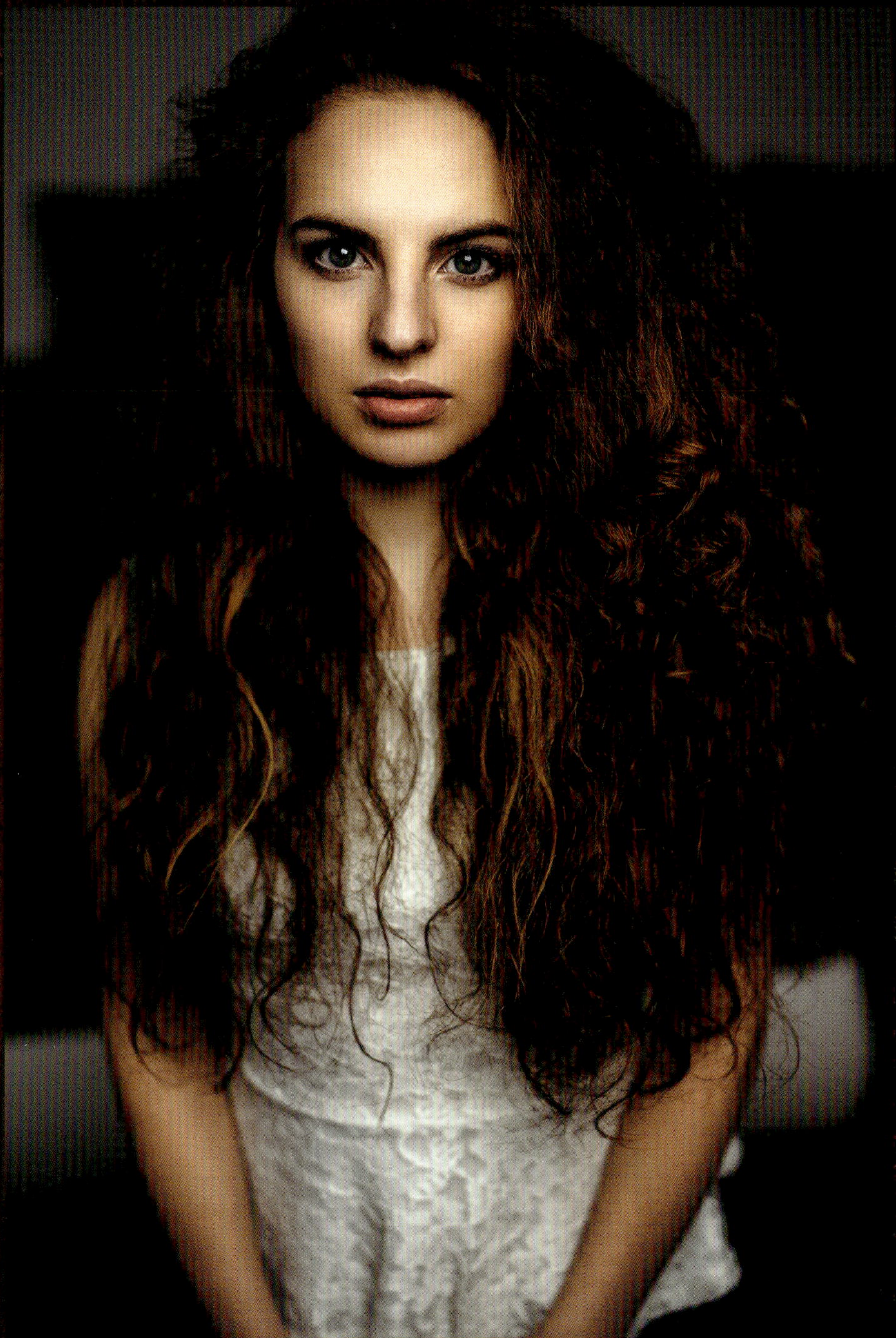

50 mm | f/1.8 | 1/800 s | ISO 320

Blick durchs Fenster

Vorbereitung

Hier brauchst du ein Fenster, durch das dein Model durchschauen kann. Du solltest dich draußen positionieren können, dein Model drin. Dein Model soll sich sehr nah an die Scheibe stellen, da sie sonst sehr schnell zu dunkel wird.

Licht

Bei diesem Set ist ein bewölkter Himmel unumgänglich. Wenn du hier mit Diffusor arbeiten würdest, würde man diesen in der Glasscheibe als Spiegelung sehen. Positioniere dich höher als dein Model. Das funktioniert sehr gut, z. B. indem dein Model sitzt. So kann sie den Kopf perfekt zu dir anheben und bekommt so automatisch helle Augen, die strahlen.

Technik und Bildaufbau

Achte darauf, dass auf dem Gesicht des Models nur dunkle Spiegelungen sind. Diese sind auf dem fertigen Bild nicht sichtbar. Achte außerdem darauf, dass um das Gesicht herum helle Spiegelungen sind. Ansonsten wird nicht sichtbar, dass du durch eine Glasscheibe fotografierst.

Posing

Das Kinn wird leicht angehoben, um dunkle Augenschatten zu vermeiden. Dein Model steht frontal mit dem Gesicht sehr nah an der Glasscheibe.

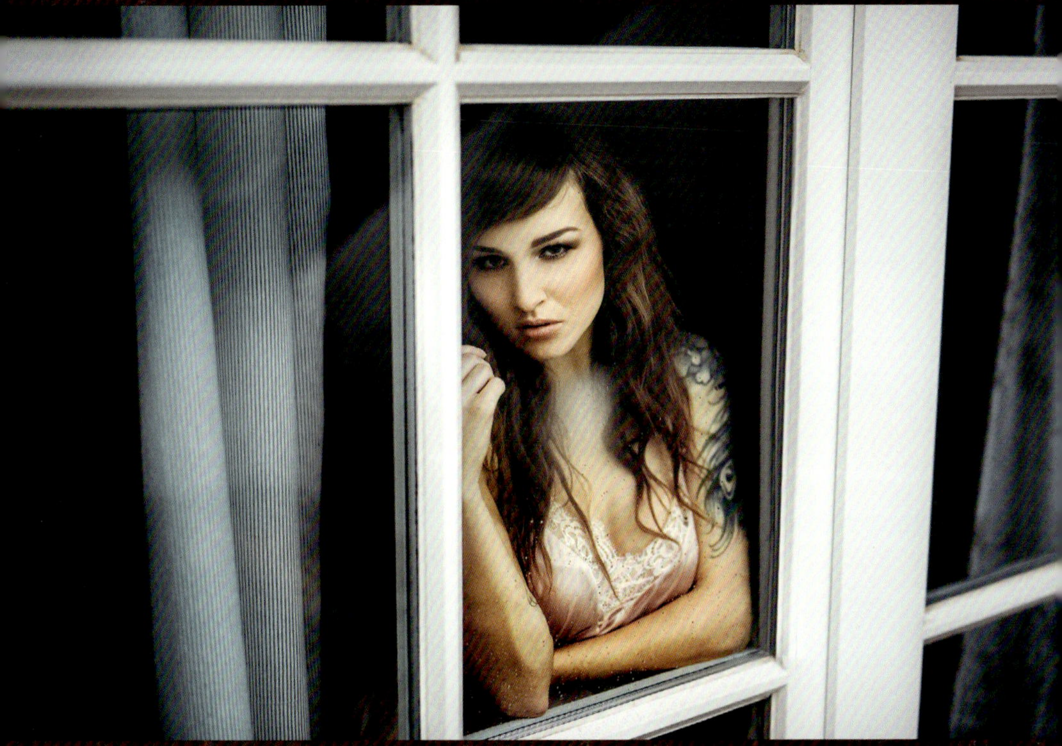

50 mm | f/1.6 | 1/125 s | ISO 200

Gedankenverloren

Vorbereitung

Für dieses Bild benötigst du eine grüne Hecke und ein Kleidungsstück mit Struktur.

Licht

Wähle bewölktes Wetter oder einen schattigen Ort, um das Licht gleichmäßig zu gestalten und weiche Schatten zu erhalten. Stell dein Model unmittelbar vor deinen Hintergrund. Der Nasenrücken des Models muss in Richtung Lichtquelle zeigen.

Technik und Bildaufbau

Nutze eine 50-mm-Festbrennweite und wähle eine Kameraposition auf Augenhöhe des Models. Achte darauf, dass im Hintergrund nichts heller ist als das Gesicht oder farblich ablenkt. Stell deine Kamera manuell eine Blende dunkler ein, um das Bild insgesamt dunkler zu gestalten.

Posing

Dein Model sollte sich schräg vor den Hintergrund stellen, sodass der Oberkörper von der Lichtquelle abgewandt ist. Den Kopf dreht sie in Richtung Himmel. So erhältst du schöne Schatten am Dekolleté und ein gleichmäßig ausgeleuchtetes Gesicht.

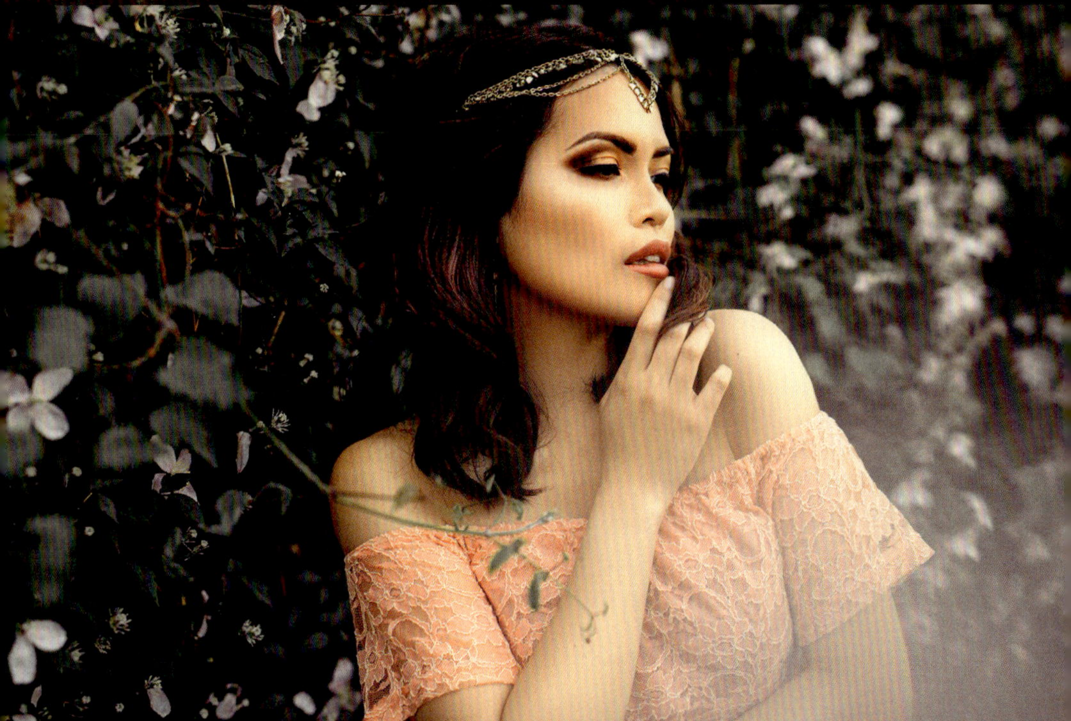

50 mm | f/2.0 | 1/125 s | ISO 100

Abendwind

Vorbereitung

Suche dir ein Feld mit dunklen Sträuchern. Positioniere dein Model inmitten des Feldes. Positioniere dann einen Helfer links von deinem Model, damit er mit einem Reflektor Wind zufächeln kann.

Licht

Wähle einen wolkigen Tag. Lasse dein Model den Kopf leicht anheben und zu dir schauen.

Technik und Bildaufbau

Von links wedelt ein Helfer mit einem Reflektor, um den Wind in den Haaren zu erzeugen. Achte darauf, dass die Haare auch ins Gesicht fliegen, das wirkt authentisch. Arbeite mit einem 50-mm-Objektiv, um die Umgebung mit auf dem Bild zu haben. Achte darauf, keine helle Stelle im Hintergrund zu haben, die von dem Model ablenkt. Fotografiere das Bild ohne Horizont.

Posing

Die Arme sollte dein Model vor dem Körper zusammennehmen, um den Körper trotz frontaler Perspektive optisch schlanker zu gestalten.

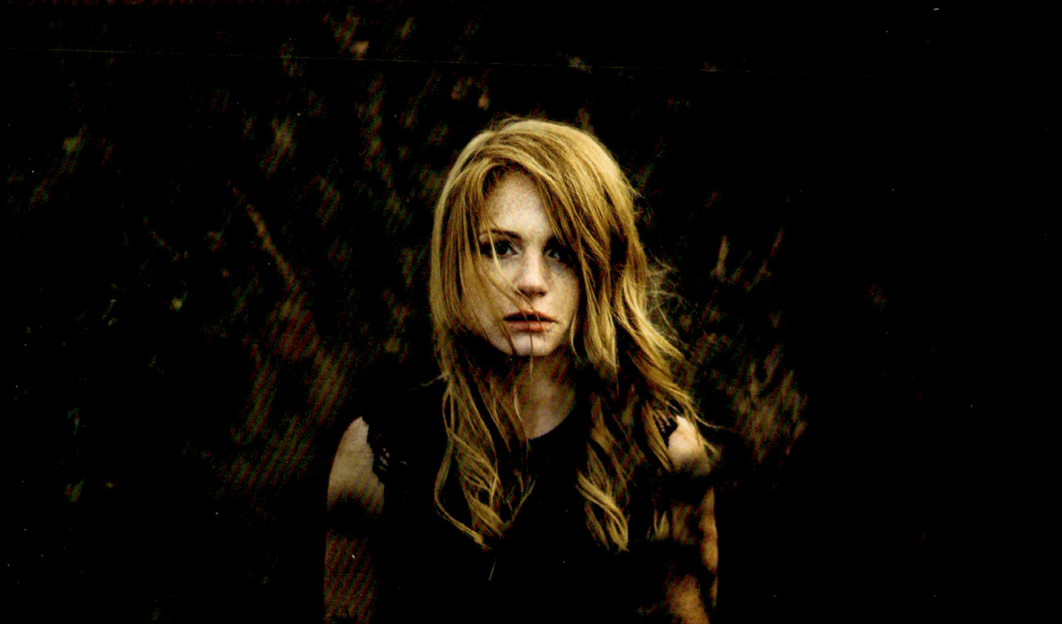

85 mm | f/1.2 | 1/1000 s | ISO 100

Traum der Natur

Vorbereitung

Du benötigst eine dunkle Hecke mit möglichst vielen hellen Blumen. Lass dein Model ein rotes Kleidungsstück mit Struktur tragen.

Licht

Wähle bewölktes Wetter oder einen schattigen Ort, um das Licht gleichmäßig zu gestalten und weiche Schatten zu erhalten. Stell dein Model unmittelbar vor deinen Hintergrund.

Technik und Bildaufbau

Nutze eine 50-mm-Festbrennweite und wähle eine Kameraposition auf Augenhöhe des Models. Stelle deine Kamera manuell eine Blende dunkler ein, um das Bild insgesamt dunkler zu gestalten. Halte dir links eine Blume, die den gleichen Farbton hat, unmittelbar vor deine Linse. So erhältst du einen schönen Schleiereffekt auf deinem fertigen Bild.

Posing

Dein Model soll sich so nah es geht an die Hecke anlehnen. Den Kopf dreht sie in Richtung Himmel. Wenn der Arm ins Spiel kommt, achte darauf, dass es der von der Kamera abwandte Arm ist, damit er nicht zu viel Aufmerksamkeit erregt.

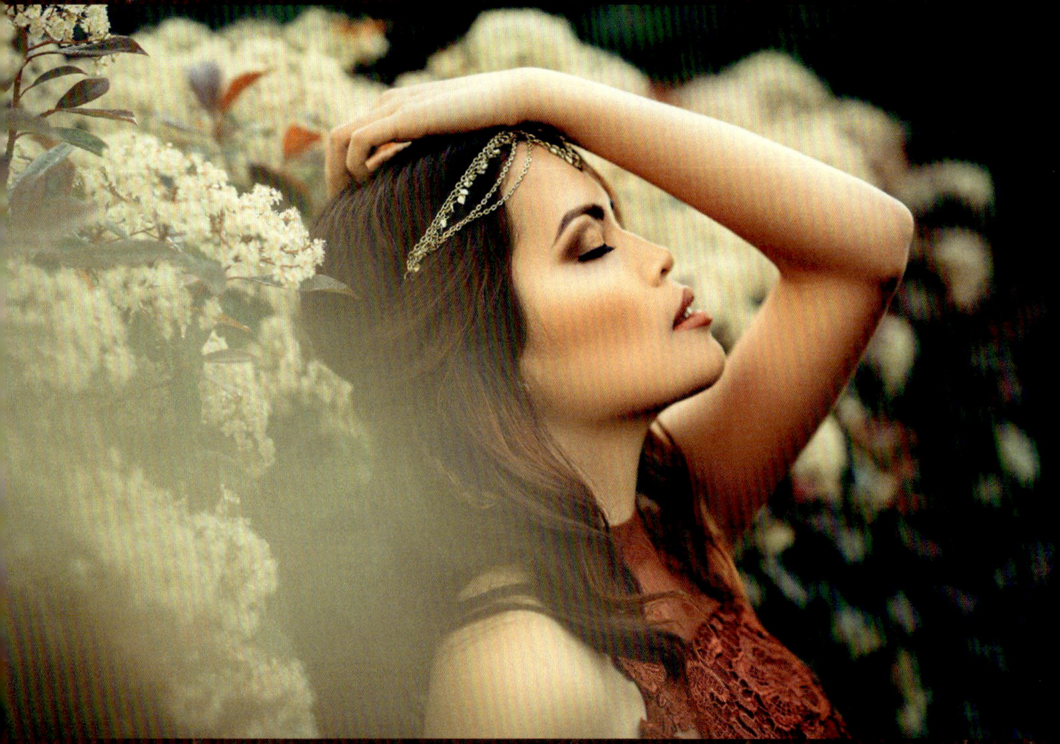

50 mm | f/1.4 | 1/250 s | ISO 100

Rote Lippen

Vorbereitung

Du benötigst einen kleinen farbigen Strauch in Bodenhöhe. Lass das Model sich unmittelbar davor auf den Boden setzen. Locken sind für diesen Bildaufbau bei deinem Model ideal.

Licht

Wähle bewölktes Wetter oder einen schattigen Ort, um das Licht gleichmäßig zu gestalten und weiche Schatten zu erhalten. Bei diesem Bild habe ich einen Diffusor eingesetzt, um das Licht weich zu gestalten.

Technik und Bildaufbau

Dein Model sollte etwas Dunkles anziehen, damit der Fokus des Bildes auf dem Gesicht und der Farbe im Hintergrund liegt. Achte darauf, dass der Lippenstift farblich passend zum Hintergrund abgestimmt ist. Drapiere die welligen Haare deines Models über die Schultern. So entstehen Strukturen, die das Bild interessanter wirken lassen.

Posing

Dein Model hebt den Kopf und schließt die Augen. Somit ist ihr Gesicht gleichmäßig ausgeleuchtet. Achte darauf, dass die Lippen nicht aneinandergepresst werden, sondern locker geöffnet sind.

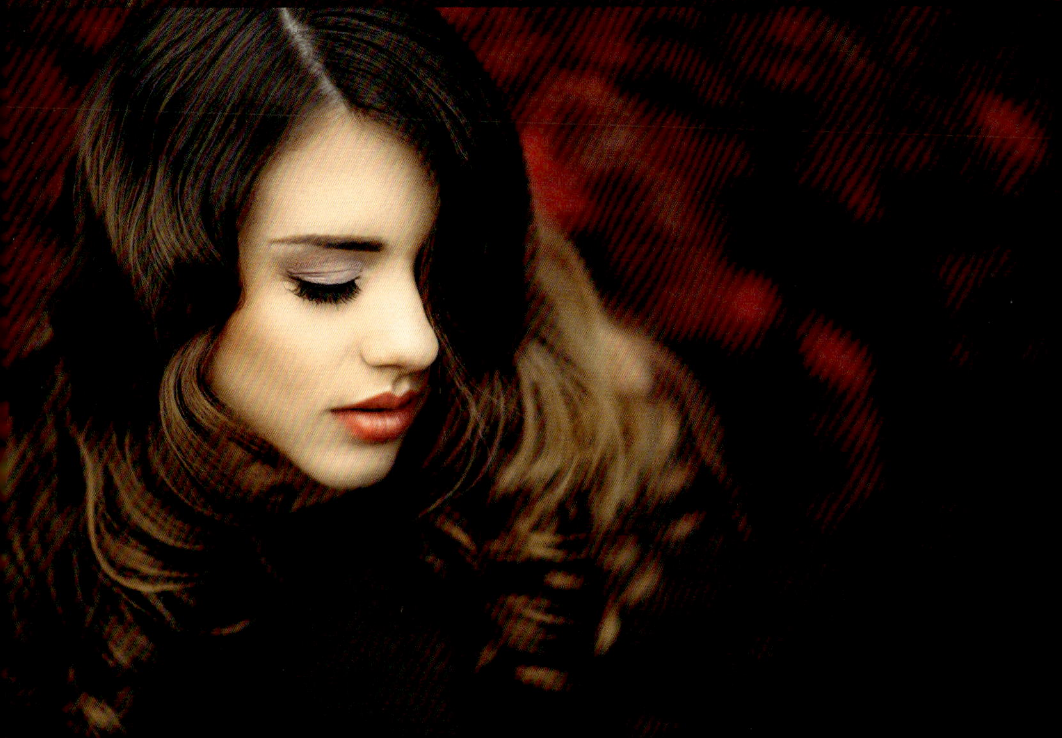

85 mm | f/1.2 | 1/1600 s | ISO 100

Blüten im Haar

Vorbereitung

Für dieses Set brauchst du einen Baum mit Blüten auf Kopfhöhe. Dein Model trägt eine Frisur, in der sich eine Blüte in passender Farbe zum Baum wiederfindet. Das Oberteil wählst du in einer dezenten Farbe (weiß, braun, beige oder schwarz) und mit Struktur.

Licht

Für dieses Set benötigst du weiches Licht. Arbeite daher bei Wolken oder mit Diffusor, um das Licht weich zu bekommen.

Technik und Bildaufbau

Positioniere dein Model inmitten zweier Äste mit Blüten, sodass vor und hinter dem Model Blumen zu erahnen sind. So kannst du schön mit der Schärfeebene spielen, und der Bildaufbau wirkt interessanter. Achte darauf, dass es hinter dem Baum dunkel ist, damit keine hellen Stellen ablenken.

Posing

Dein Model dreht eine Schulter zur Kamera, damit sie filigraner wirkt. Sie neigt den Kopf so in deine Richtung, dass von deiner Seite aus ein schöner Wangenschatten zu sehen ist. Sie schließt die Augen. So kannst du die Lichtpunkte in den Augen vernachlässigen.

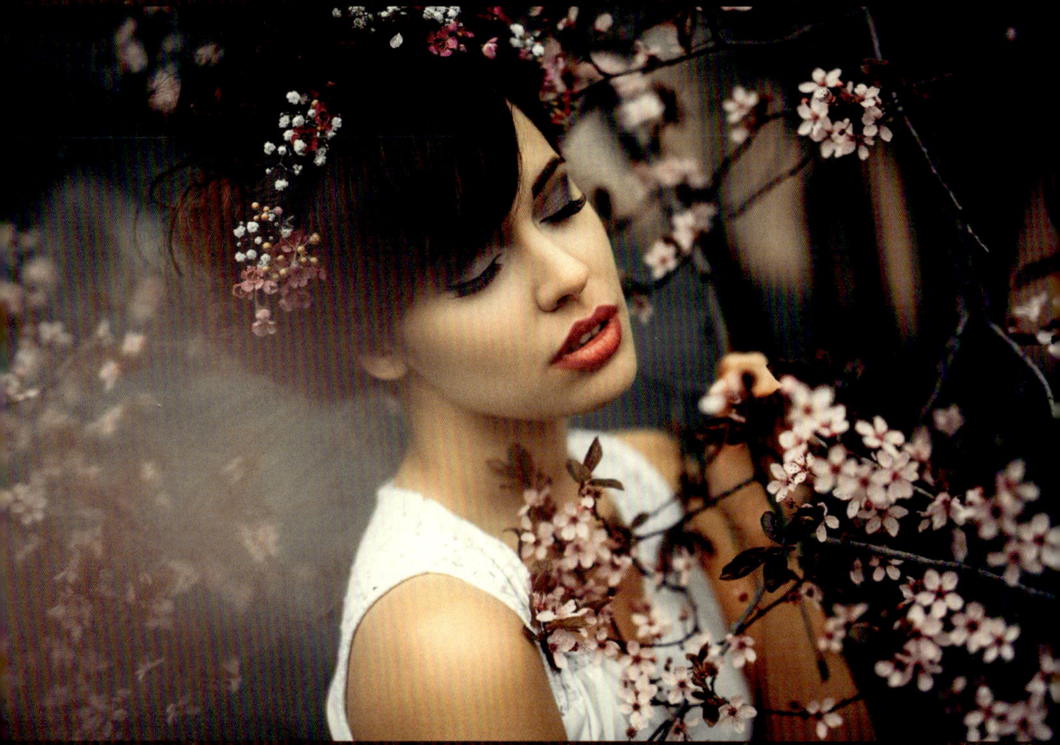

50 mm | f/1.4 | 1/2000 s | ISO 250

Warmes Rot

Vorbereitung

Eine dunkle Hecke mit hellen Blüten ist hier der Hintergrund der Wahl. Dein Model sollte sich Locken machen und ein rotes Oberteil mit passendem Lippenstift tragen.

Licht

Wähle bewölktes Wetter oder einen schattigen Ort, um das Licht gleichmäßig zu gestalten und weiche Schatten zu erhalten. Bei diesem Bild habe ich einen Diffusor eingesetzt, um das Licht weich zu gestalten.

Technik und Bildaufbau

Um dein Model hervorstechen zu lassen, ist ein rotes Outfit ideal. Rot wirkt sinnlich und hebt gleichzeitig die Person hervor. Die Blumen im Hintergrund sollten weiß sein, um keine zweite Hauptfarbe ins Bild mit einzubauen. Drapiere die Haare vor die Schultern und achte darauf, dass dein Model einen Lichtpunkt im Auge hat, wenn sie zu dir in die Kamera schaut.

Posing

Die Arme sollte sie vor dem Körper zusammennehmen, um den Körper trotz der frontalen Perspektive optisch schlanker wirken zu lassen. Der Blick geht direkt in die Kamera.

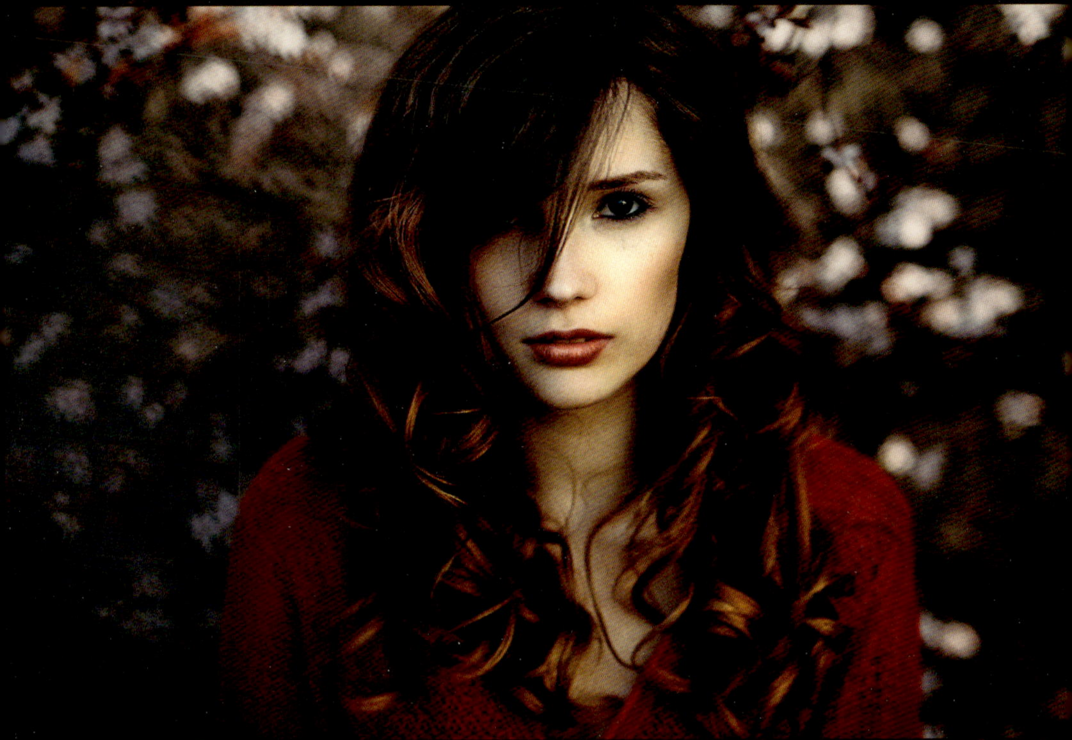

50 mm | f/1.8 | 1/1600 s | ISO 100

Schneebeeren

Vorbereitung

Suche dir einen Strauch mit Blüten oder Früchten daran (im Beispiel rechts sind es die Früchte der Schneebeere). Nun positioniere dein Model im Sitzen inmitten des Strauchs, sodass vor und hinter ihr Äste vom Strauch zu sehen sind. So kannst du schön mit der Schärfeebene spielen. Wenn dein Model dunkle Haare hat, ist ein helles, strukturiertes Oberteil ideal. So heben sich die Haare perfekt vom Hintergrund ab.

Licht

Wähle eine schattige Location oder arbeite mit Diffusor. Lass dein Model den Kopf in Richtung Himmel anheben, damit sie einen Lichtpunkt in den Augen bekommt und das Gesicht perfekt ausgeleuchtet ist.

Technik und Bildaufbau

Achte hier auf gleiche Farbtöne. Der Strauch sollte eher bräunlich sein und dein Model eine natürliche Farbe tragen (schwarz, weiß, braun oder beige).

Posing

Die Arme sollte sie vor dem Körper zusammennehmen, um den Körper trotz frontaler Perspektive schlanker wirken zu lassen. Der Kopf wird in Richtung Kamera geneigt, um den Wangenschatten an der dir zugewandten Seite zu erzeugen. Der Blick geht direkt in die Kamera.

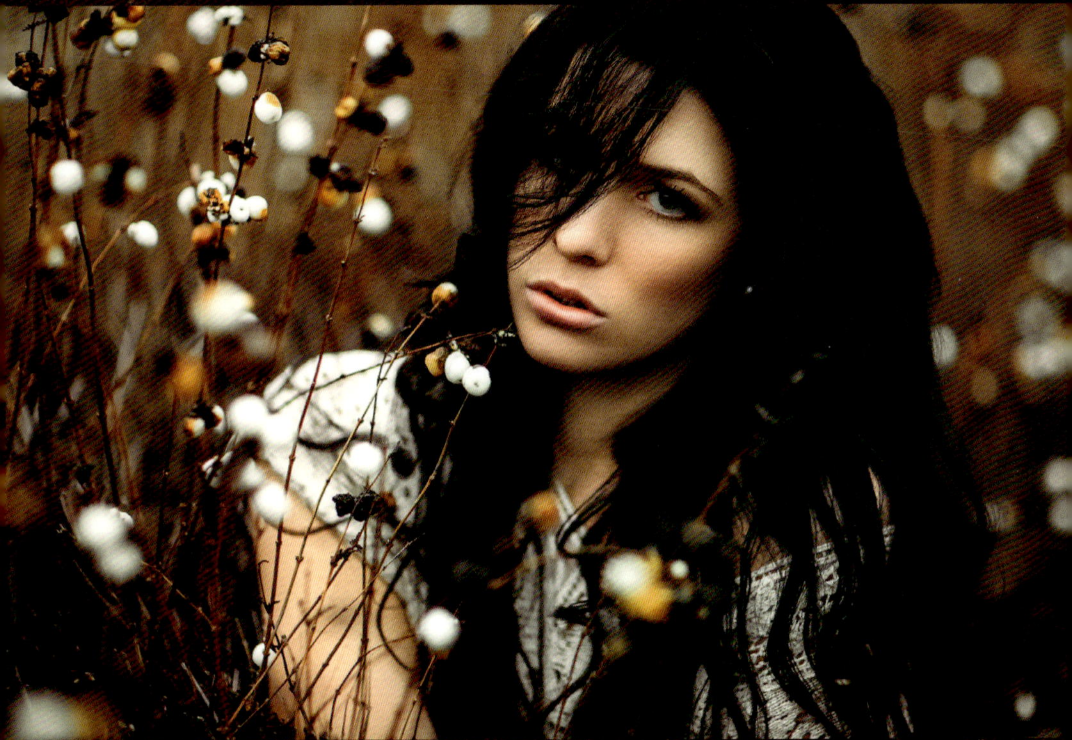

85 mm | f 1.6 | 1/1600 s | ISO 160

Tagtraum

Vorbereitung

Wähle einen dunklen Hintergrund und einen Baum, von dem Äste mit weißen Blüten abstehen. Positioniere dein Model inmitten der Äste.

Licht

Achte darauf, dass weiches Licht genutzt wird. Arbeite eher bei Wolken oder nutze bei Sonne einen Diffusor über Model und Hintergrund. Du benötigst hier keine Reflexion im Auge, da die Augen geschlossen sind. Somit hast du die Möglichkeit, dein Model das Gesicht nach unten neigen zu lassen.

Technik und Bildaufbau

Wähle hier dunkle Farbtöne. So kommen die hellen Blüten besser zur Geltung. Achte auf Gleichmäßigkeit: Rechts und links um dein Model herum sollten sich Blüten befinden.

Posing

Die Arme sollte dein Model vor dem Körper zusammennehmen, den Kopf nach unten neigen, die Augen schließen.

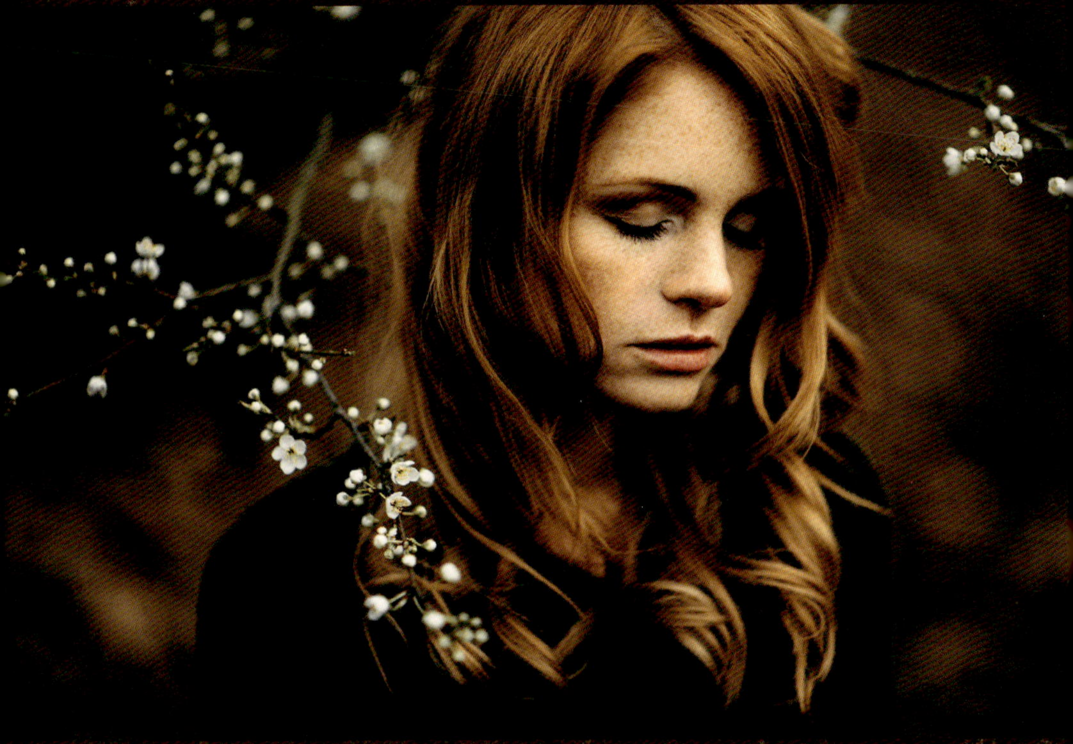

85 mm | f/1.2 | 1/1000 s | ISO 100

Komplementärfarben

Vorbereitung

Dieser Bildaufbau ist perfekt bei rothaarigen Modellen. Rot und Grün sind Komplementärfarben und heben sich daher gegenseitig besonders hervor. Du brauchst eine dunkelgrüne Hecke, in die sich dein Model stellen kann. Positioniere dein Model so, dass aus deiner Perspektive vor und hinter ihr etwas von der Hecke zu sehen ist. So kannst du perfekt mit der Schärfeebene spielen.

Licht

Beim Shooting sollte es bewölkt sein, alternativ kannst du einen Diffusor verwenden. Dein Model schaut nun in Richtung der größten Himmelsfläche und hält den Kopf leicht geneigt, sodass auf der dir zugewandten Seite ein leichter Wangenschatten entsteht. Locken sind für dieses Set ideal, da du so gut mit Strukturen arbeiten kannst. Arbeite mit einem dunklen langärmligen Kleidungsstück.

Technik und Bildaufbau

Achte darauf, dass auf dem fertigen Bild die Struktur der Hecke gut zu erkennen ist. Oftmals erscheinen dunkle Hintergründe auf dem fertigen Bild fast schwarz. Strukturen machen das Bild jedoch spannend! Sollte dies hier der Fall sein, positioniere dein Model an einer Stelle, die etwas mehr im Licht liegt. Stelle alternativ deine Kamera etwas heller.

Posing

Das Kinn wird leicht angehoben, um dunkle Augenschatten zu vermeiden. Der Blick geht in Richtung der größten Himmelsfläche. Der Kopf wird leicht geneigt, um einen Wangenschatten zu erzeugen.

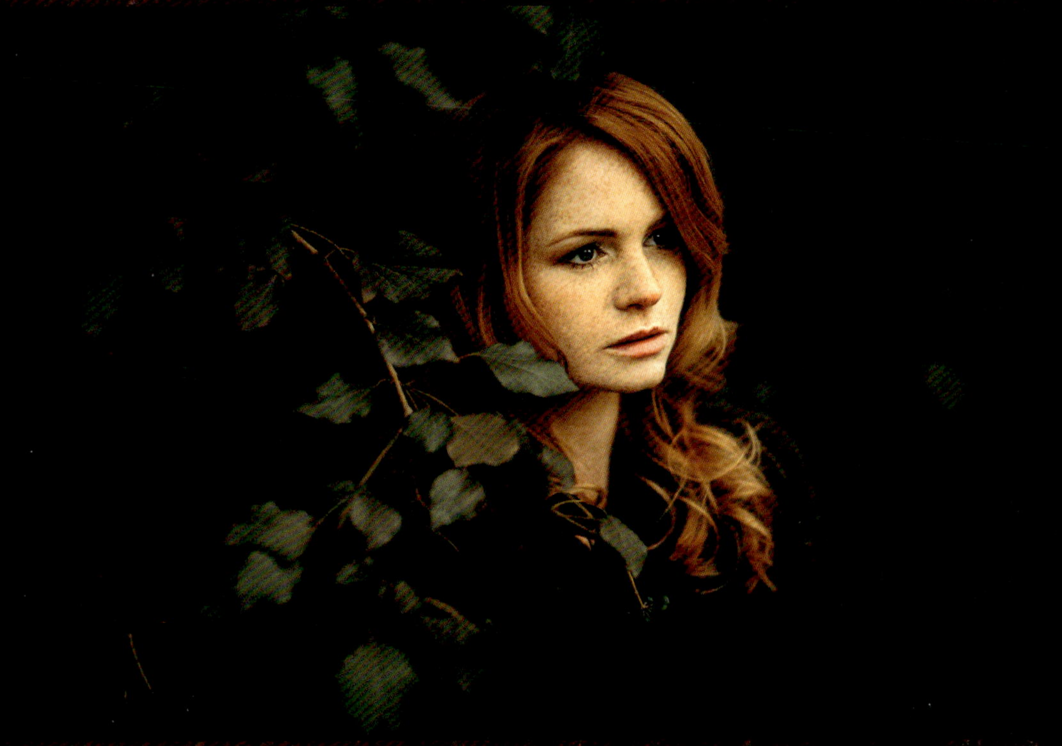

85 mm | f/1.2 | 1/125 s | ISO 100

Sonnenuntergang im Feld

Vorbereitung

Du benötigst für dieses Setup ein hohes Feld, hinter dem die Sonne untergeht. Idealerweise trägt dein Model hier offene Haare.

Licht

Positioniere dein Model im Gegenlicht und helle von vorne oben mit einem Reflektor auf. Regle den Abstand so, dass das Gesicht deines Models so aussieht, als wäre es bewölkt. Positioniere den Reflektor dort, wo die Nase deines Models hinzeigt.

Technik und Bildaufbau

Dein Model soll die Hände lässig in die Hosentaschen nehmen oder die Finger in die Gürtelschlaufen haken. Achte darauf, die Hände in dieser Position auf jeden Fall noch mit aufzunehmen und sie nicht abzuschneiden. Ins Gesicht sollte keine Sonne fallen. Das kannst du durch die Haare verhindern, die seitlich ins Gesicht fallen.

Posing

Dein Model kann überall hinschauen, wo sie möchte, allerdings sollte dort dann auch der Reflektor positioniert werden. Es ist bei Gegenlicht mit Reflektor nicht nötig, den Kopf nach oben zu heben, da du ja deinen Reflektor als Lichtquelle einsetzt. Somit bist du freier im Posing, musst aber den Reflektor danach ausrichten.

TIPP

Muss dein Model die ganze Zeit blinzeln oder tränen ihre Augen von dem hellen Reflektor? Lass sie die Augen schließen und zähle bis drei, bevor sie die Augen öffnet und du dein Bild machst.

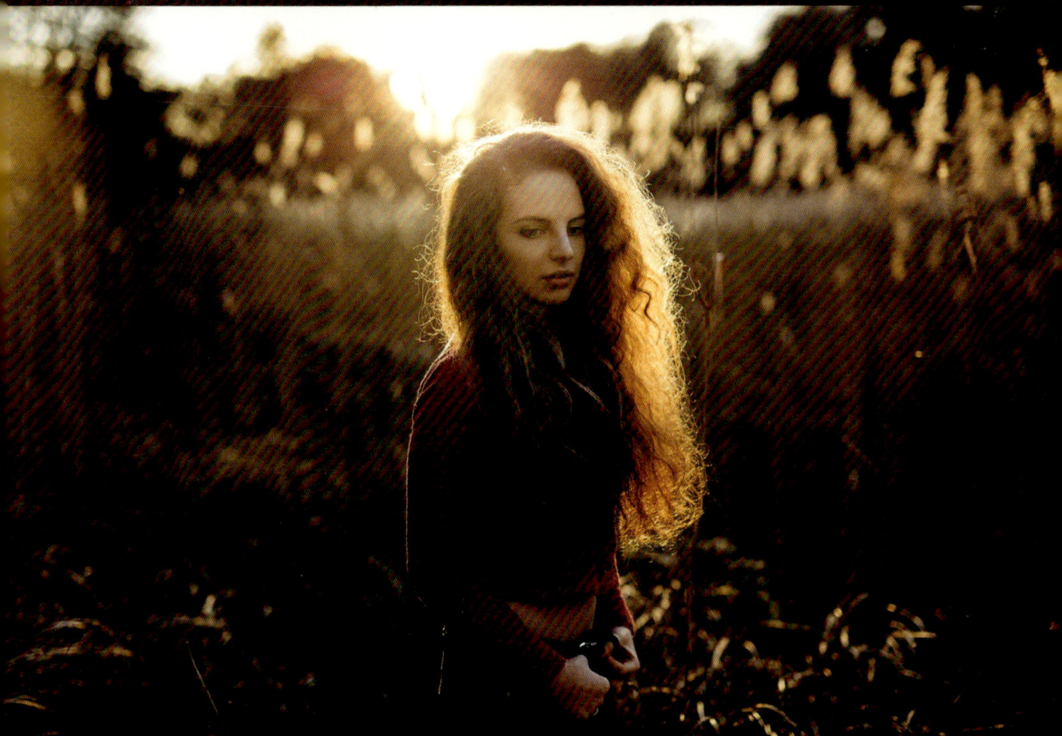

50 mm | f/1.8 | 1/640 s | ISO 100

Sinnlichkeit

Vorbereitung

Suche dir zum Shooting ein gemütliches Wohnzimmer mit Dachfenster. Es sollte bewölkt sein, damit weiches Licht ins Zimmer fällt. So hast du beim Shooting die meisten Möglichkeiten. Das Outfit sollte passend zum Thema „Homeshooting“ gemütlich bis sexy gewählt werden. Die Haare sollten locker offen getragen werden.

Licht

Um den Körper zu betonen, sollte das Licht nicht frontal, sondern seitlich darauf treffen. Achte hier vor allem auf einen entstehenden Schatten am Dekolleté, um die Brust vorteilhaft zu formen. Fotografiere aus Schattenrichtung, um die Schatten auch auf dem fertigen Bild sichtbar zu machen.

Technik und Bildaufbau

Die Wand hinter dem Model sollte nicht vom Licht angestrahlt werden, sondern dunkel sein. Somit erhältst du einen dunkleren Hintergrund, und nichts lenkt vom Model ab.

Posing

Das Posing sollte hier sehr natürlich sein. Die Hände locker hängenlassen und darauf achten, dass jede Hand etwas anderes tut. Eine Hand auf Bauchhöhe, ein Arm lang an der Seite. Das wirkt natürlicher, als wenn beide Hände das Gleiche machen.

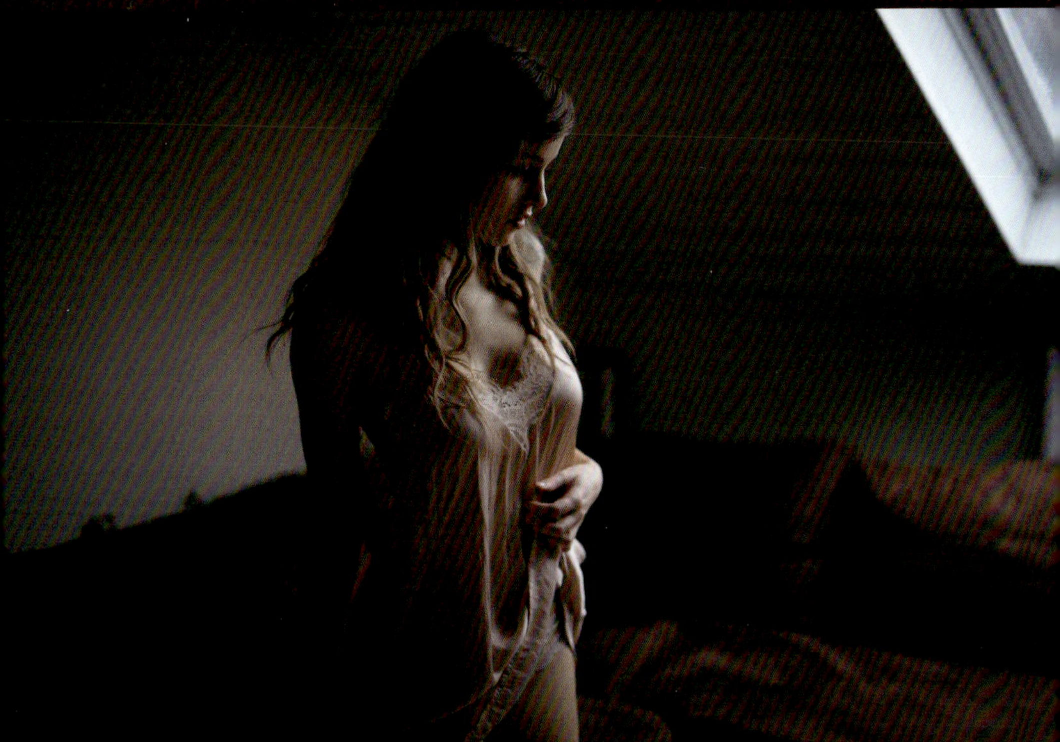

50 mm | f/1.4 | 1/100 s | ISO 400

Im Feld verborgen

Vorbereitung

Für ein solches Porträt benötigst du ein hohes Feld. Positioniere dein Model inmitten des Feldes. Als Kleidung wählt ihr dezente Farben (braun oder beige), damit der Fokus auf dem Gesicht liegt und du mit gleichen Farbtönen arbeiten kannst.

Licht

Für dieses Set sollte es bewölkt sein, damit das Feld gleichmäßig ausgeleuchtet ist. Dein Model hebt das Kinn etwas an, um die dunklen Augenschatten aufzuhellen. Achte gleichzeitig darauf, dass sie einen Lichtpunkt im Auge hat. Schaut sie zu dir und hat keinen, lasse sie in Richtung Horizont schauen. Indem dein Model den Kopf in deine Richtung neigt, erhält sie zusätzlich einen wunderschönen Wangenschatten, der zur Plastizität des Gesichts beiträgt.

Technik und Bildaufbau

Für dieses Setup benötigst du keinen Helfer und wenig Technik. Nur du, deine Kamera und das Model. Arbeite offenblendig und mit einer langen Brennweite (z. B. 85 mm), um mit der nötigen Unschärfe im Hintergrund zu spielen, die den Fokus auf dein Model legt und das Feld zu einer gleichmäßigen Fläche werden lässt.

Posing

Die Hände lässt dein Model locker fallen oder umarmt sich selbst. Hier kannst du schön mit introvertiertem Posing (sich kleiner machen, Schultern nach vorne) spielen, um eine gespielte Schüchternheit zu unterstützen.

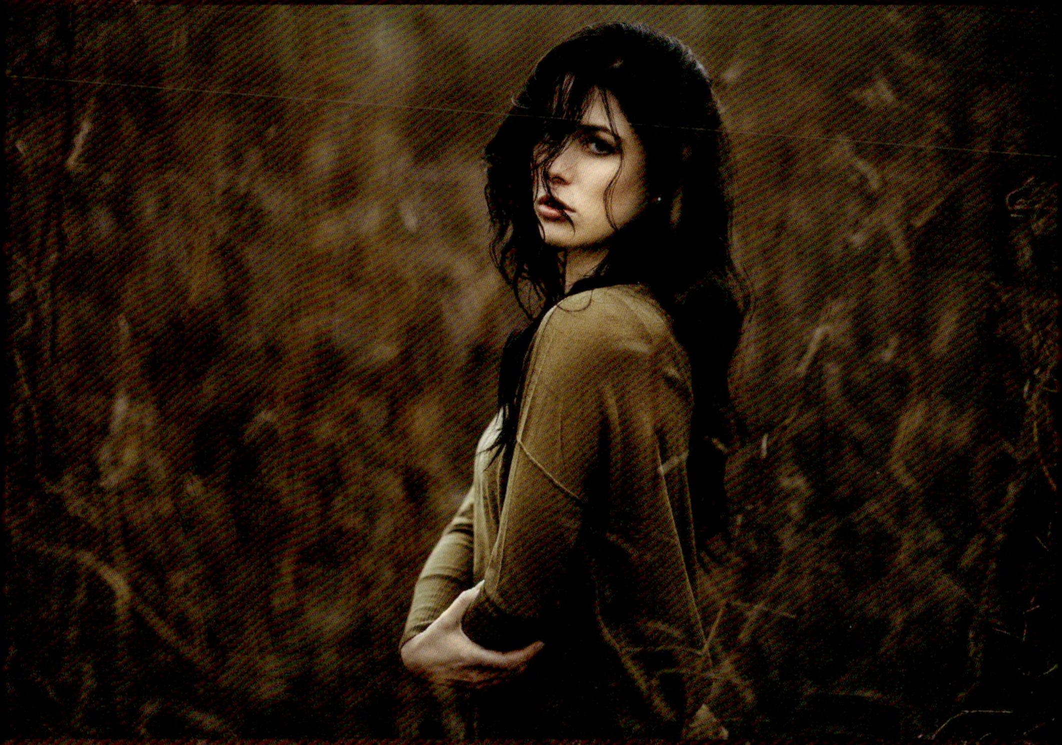

85 mm | f/1.6 | 1/125 s | ISO 160

Farbige Wand

Vorbereitung

Suche dir eine farbige Wand. Dieses Bild kannst du sowohl indoor als auch outdoor erstellen. Das hier gezeigte ist indoor vor einer blaugrünlich gestrichenen Wand entstanden. Grün und rot sind Komplementärfarben: Du kannst hier also perfekt mit der Lippenstiftfarbe als Farbakzent arbeiten.

Licht

Du benötigst hier weiches Licht. Arbeite daher entweder bei Wolken oder mit dem Diffusor, den du vor dein Fenster stellst.

Technik und Bildaufbau

Wegen des Tattoos habe ich mich hier für ein Hochkantbild entschieden. Achte darauf, überall im Bild Strukturen zu erzeugen. Ist der Arm ohne Tattoo, dann arbeite mit den Haaren, die du über die freie Hautstelle legst.

Posing

Achte darauf, dass die Pose sich nicht spiegelt. Gib beiden Händen deines Models eine unterschiedliche Aufgabe: Eine spielt in den Haaren, die andere ist vor dem Körper verschränkt.

TIPP

Mit Kreppband kannst du deinen Diffusor supereinfach an das Fenster kleben, ohne dass du zwingend einen Helfer benötigst.

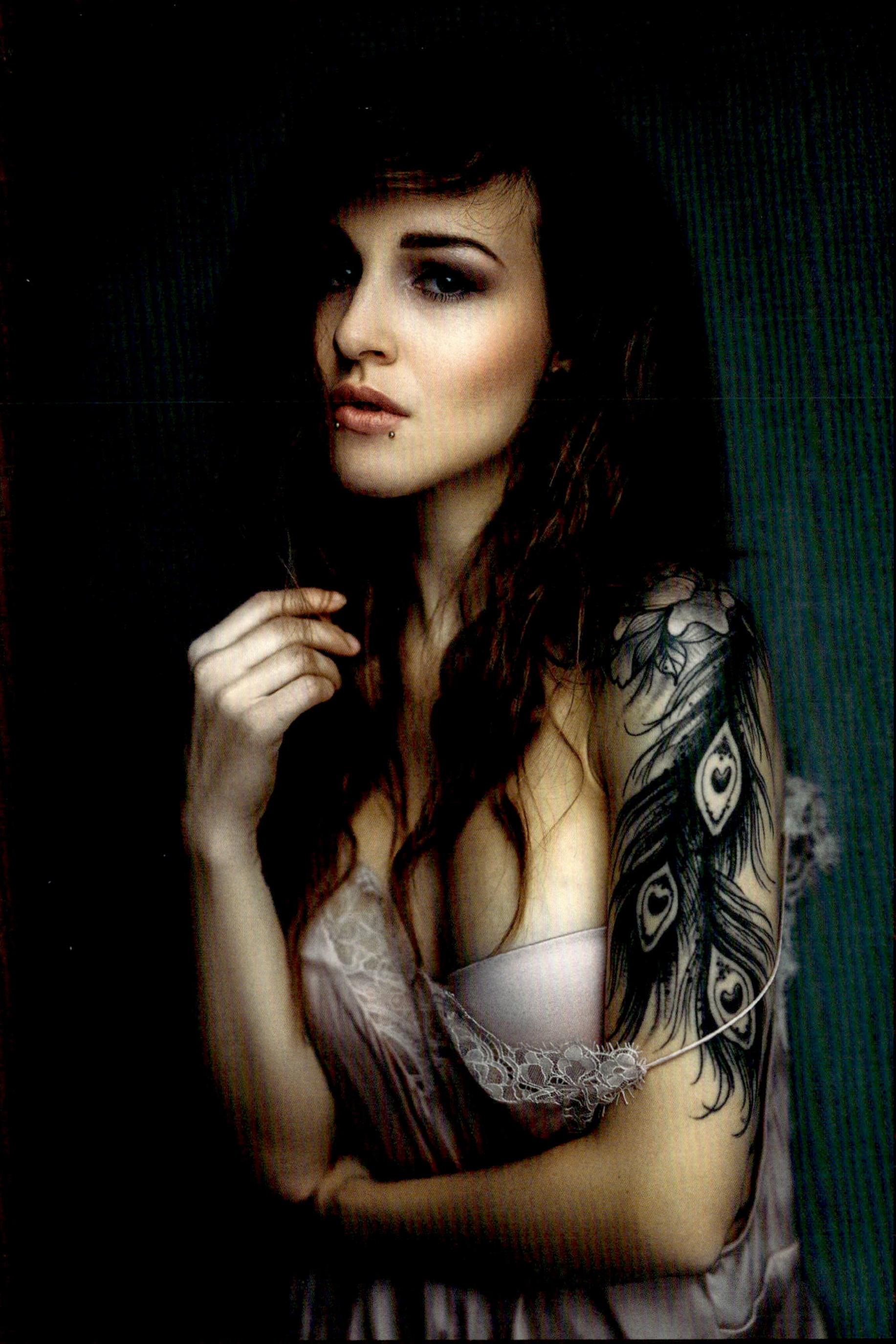

50 mm | f/1.8 | 1/125 s | ISO 320

Rote Beeren

Vorbereitung

Hier wählst du eine Hecke mit roten Beeren, die wenn möglich etwas breiter ist, sodass du mit einem Schärfeverlauf spielen kannst. Achte darauf, dass dein Model ein Oberteil in der gleichen Farbe trägt.

Licht

Es sollte bewölkt sein, alternativ kannst du mit Diffusor arbeiten. Dein Model soll das Gesicht in Richtung Licht drehen (Nase zum Himmel bzw. zum Diffusor), damit die Augen hell werden und ein Lichtpunkt sichtbar wird.

Technik und Bildaufbau

Arbeite mit dem Schärfeverlauf. Fotografiere die Hecke nicht frontal, sondern seitlich, um vorne und hinten Beeren in der Unschärfe zu haben. So wird ein wunderschön gepunkteter Unschärfebereich im Vorder- und Hintergrund sichtbar.

Posing

Eine Schulter wird zur Kamera gedreht, um den Oberkörper schmaler wirken zu lassen. Lass dein Model die Haare über die Schultern legen, um Strukturen zu erzeugen.

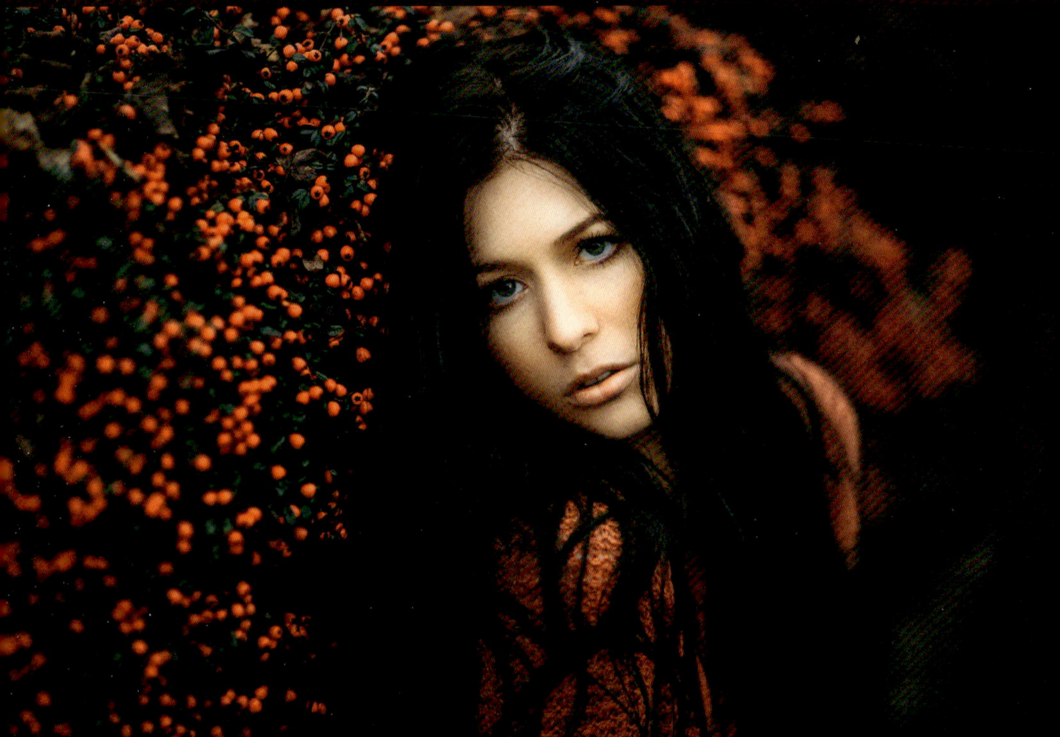

85 mm | f/1.2 | 1/1000 s | ISO 160

Blick nach oben

Vorbereitung

Für dieses Set benötigst du Blumen in einem Blaugrünton, die auf Bodenhöhe wachsen. Schau dich am besten mal in Blumenparks um, dort gibt es öfter Flächen, auf denen die gleichen Blumen wachsen. Dein Model sollte sich von der Haarfarbe her extrem abheben. Hast du also ein blondes Model, wirkt es hier besonders toll. Lasse dein Model ein Oberteil in Grobstrick mit viel Struktur tragen.

Licht

Für dieses Set benötigst du weiches Licht. Lass dein Model in Richtung Himmel bzw. Wolkendecke schauen, um das Gesicht gleichmäßig auszuleuchten.

Technik und Bildaufbau

Dein Model sitzt, du stehst. So kannst du perfekt von oben fotografieren und aufgrund des nach oben gerichteten Blickes nach oben ein frontales Porträt von ihr machen.

Posing

Lass dein Model die Haare über die Schultern legen. So kannst du perfekt mit der Struktur arbeiten.

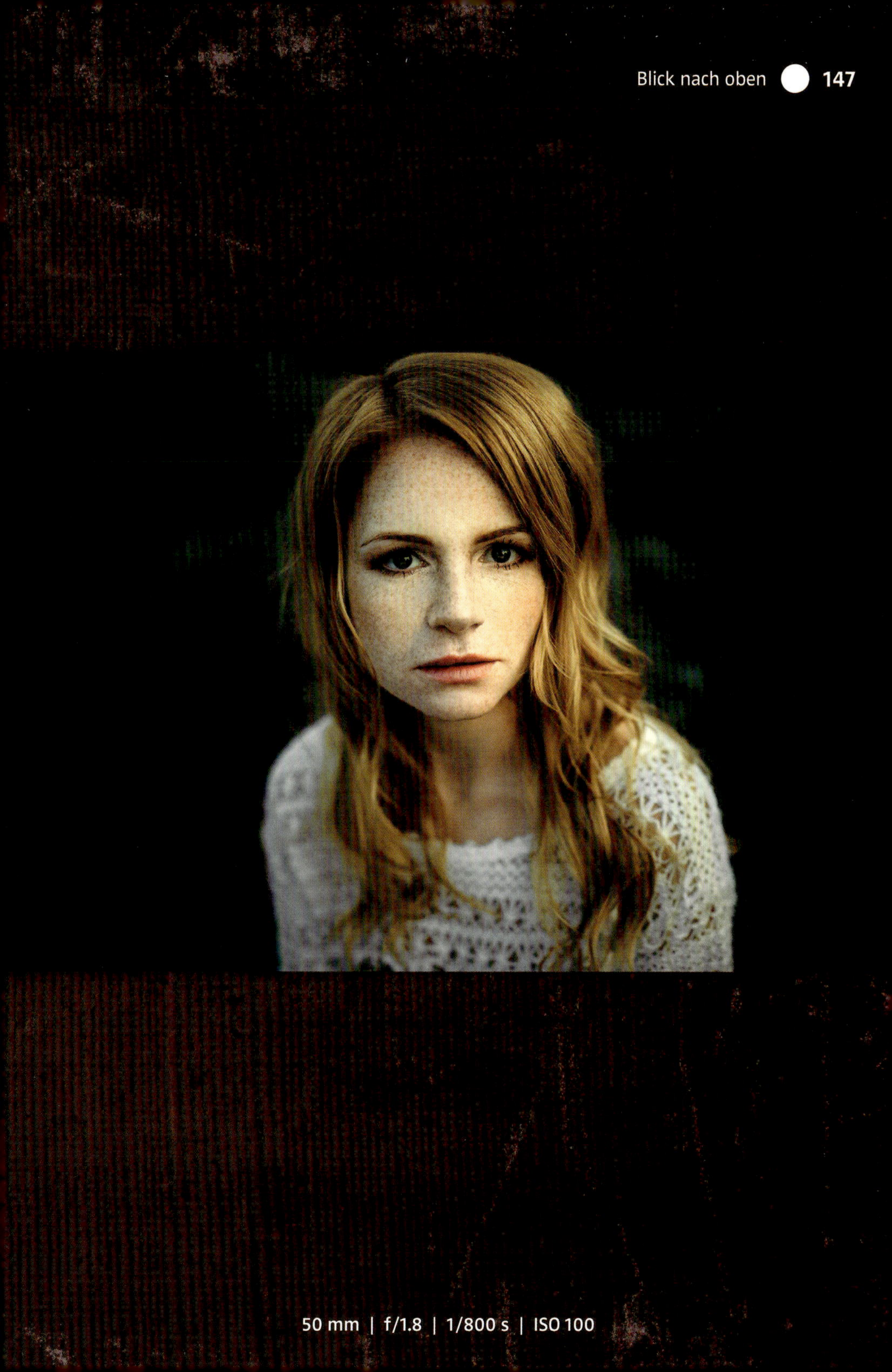

50 mm | f/1.8 | 1/800 s | ISO 100

Blütenstruktur

Vorbereitung

Hier brauchst du einen Busch mit Blüten auf Bodenhöhe. Steck eine passende Blüte ins Haar deines Models. So integrierst du sie perfekt in die Umgebung. Die Kleidung des Models sollte dezent ausfallen, damit der Fokus auf der Blütenfarbe liegt.

Licht

Dieses Shooting funktioniert ideal bei weichem Licht. Du solltest daher bei Wolken arbeiten oder mit Diffusor, um das Licht weich zu bekommen. Dein Model wendet die Nasenspitze dem Himmel bzw. dem Diffusor zu, damit die Augen hell sind.

Technik und Bildaufbau

Positioniere dein Model inmitten des Buschs, sodass im Vorder- und Hintergrund Blüten zu sehen sind. So wird sie perfekt eingerahmt. Die Augen sollten sich auf der oberen Drittellinie befinden. Fotografiere so an den Blüten vorbei, dass sie optisch vor der hellen Schulter liegen, um dort Strukturen zu erzeugen und den Fokus auf das Gesicht zu lenken.

Posing

Dein Model neigt den Kopf so, dass die dir zugewandte Wange Richtung Boden zeigt. So kannst du den Wangenschatten erzeugen, der das Gesicht plastisch erscheinen lässt. Die Augen schauen nach oben, damit ein Lichtpunkt im Auge entsteht. Eine Schulter ist der Kamera zugewandt.

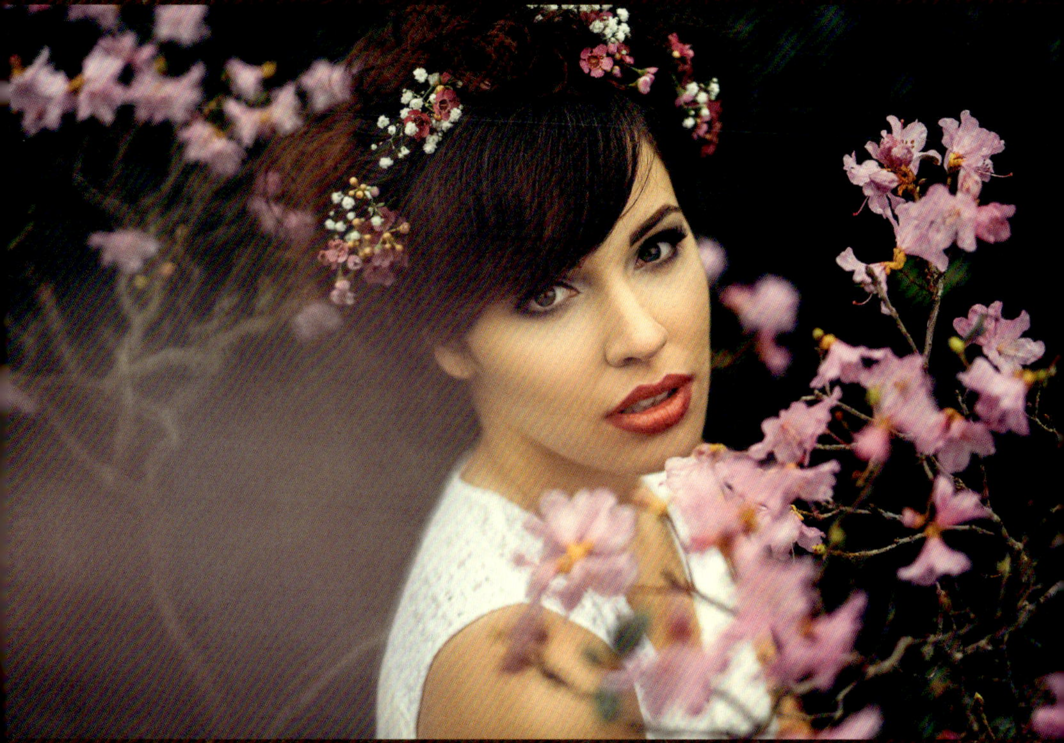

50 mm | f/1.4 | 1/3200 s | ISO 100

Am Boden sitzend

Vorbereitung

Wähle eine Fläche am Boden, auf der gleichfarbige Blumen wachsen. In diesem Fall habe ich eine graue Blumenfläche genutzt, vor die das Model sich auf den Boden setzt.

Licht

Arbeite auch hier mit weichem Licht. Achte also darauf, entweder bei Wolken oder mit Diffusor zu arbeiten. Du stehst vor dem Model. Das Model sitzt und schaut zu dir nach oben, damit du ein schönes Augenlicht bekommst.

Technik und Bildaufbau

Arbeite mit einem 50-mm-Objektiv bei Offenblende. Hier habe ich mit Blende 1.4 fotografiert, um mit einem kleinen Schärfebereich zu arbeiten. Somit kann ich schon durch die technischen Details das Model hervorheben. Achte darauf, dass im Hintergrund keine andersfarbige Blume oder eine andere Helligkeit zu finden ist. Diese würden vom Hauptmotiv, unserem Model, ablenken.

Posing

Dein Model dreht eine Schulter zur Kamera und neigt den Kopf. Die Wangenseite, die nun dem Himmel zugewandt ist, wird mit ihrem Haar verdeckt. Die andere Seite wird fotografiert, um das Gesicht durch den entstehenden Wangenschatten plastisch erscheinen zu lassen.

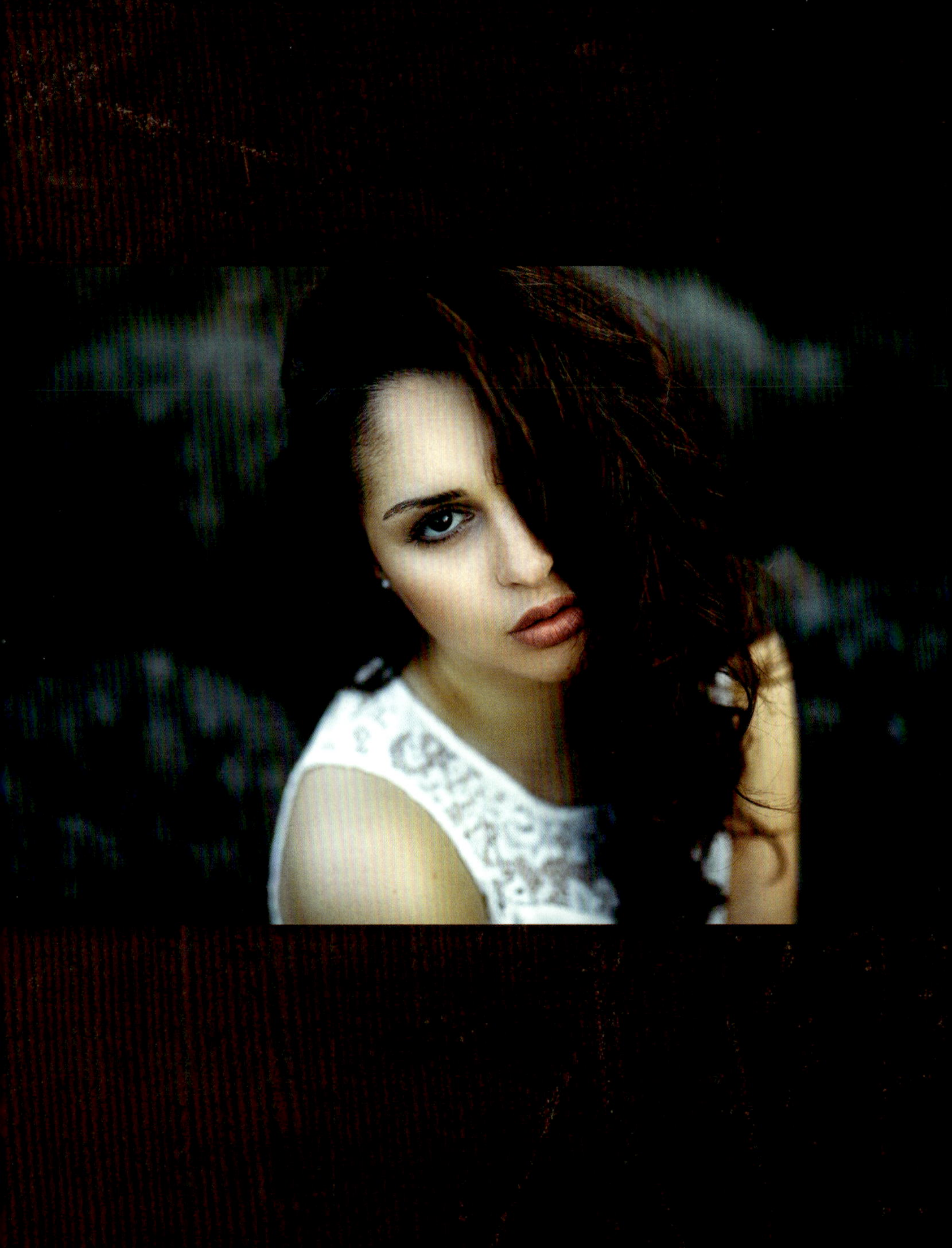

50 mm | f/1.4 | 1/1000 s | ISO 100

Lockiges Haar

Vorbereitung

Du brauchst ein schönes Wohnzimmer und einen bequemen Stuhl oder Sessel. Locken und ein dunkles Oberteil machen sich beim Model hier sehr gut.

Licht

Positioniere dein Model direkt vor einem Fenster und schließe alle anderen Vorhänge oder Rollläden, sodass es nur eine Lichtquelle gibt. So ist gewährleistet, dass der Hintergrund dunkel ist. Arbeite mit der Struktur der Haare, um das Gesicht zu formen. Leg die Haare nah um die Augen und lass dein Model in Richtung Fenster schauen, um einen schönen Lichtpunkt im Auge zu erzeugen.

Technik und Bildaufbau

Arbeite mit einem 50-mm-Objektiv und offener Blende. Um Haare und Struktur komplett auf das Bild zu nehmen, ist hier ein Hochkantformat perfekt. Positioniere die Augen deines Models trotzdem auf der oberen Drittellinie im Bildschnitt. Versuche, so wenig Hintergrund wie möglich auf dein Bild mit aufzunehmen.

Posing

Dein Model soll die Ellenbogen vor den Körper drücken. So führen die Linien des Körpers vorne zusammen und das Model wirkt schlanker. Eine Schulter wird zur Kamera gedreht, was ebenfalls filigraner wirkt.

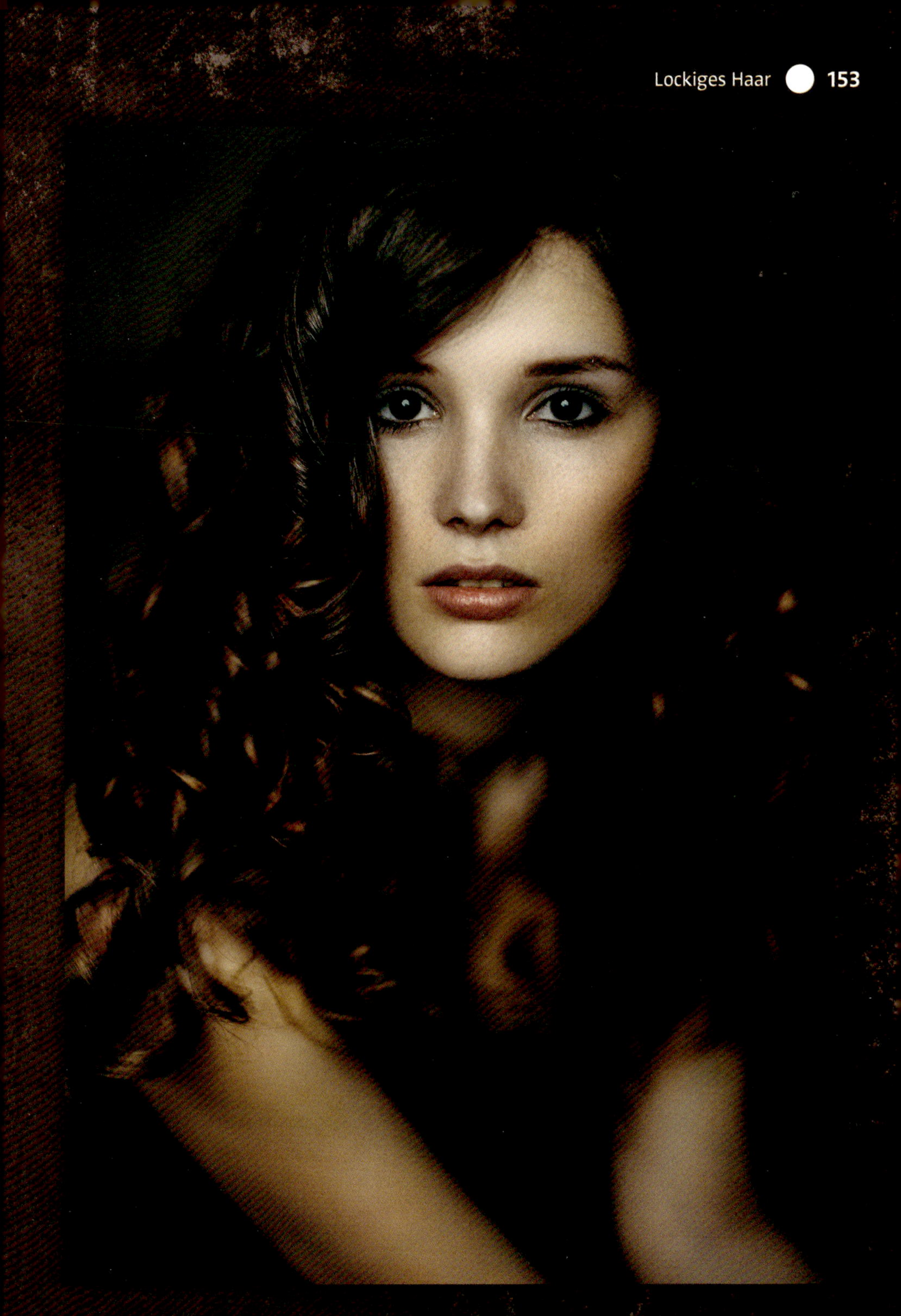

85 mm | f/1.6 | 1/200 s | ISO 100

Auf dem Sofa

Vorbereitung

Für dieses Indoor-Set benötigst du eine dunkle Couch und ein kleines Fenster. Dein Model zieht ein dunkles Top an und trägt offene Haare.

Licht

Achte darauf, dass weiches Licht in den Raum fällt. Arbeite bei Wolken oder halte einen Diffusor vor das Fenster. Dein Model soll in Richtung Fenster schauen, um eine Augenreflexion zu erhalten.

Technik und Bildaufbau

Fotografiere dein Model aus Schattenrichtung, sodass du den Wangenschatten perfekt mit aufnehmen kannst. Positioniere dich trotzdem in der Richtung des Fensters, damit dein Model zu dir schauen kann und gleichzeitig einen Lichtpunkt in den Augen bekommt.

Posing

Dein Model nimmt die Arme bzw. Ellenbogen vor dem Körper zusammen, sodass die Linien des Körpers nach innen führen. So wirkt sie schlanker. Lass sie die Haare über die Schulter legen, die dem Licht zugewandt ist, um von der hellen Stelle abzulenken und Strukturen zu erzeugen.

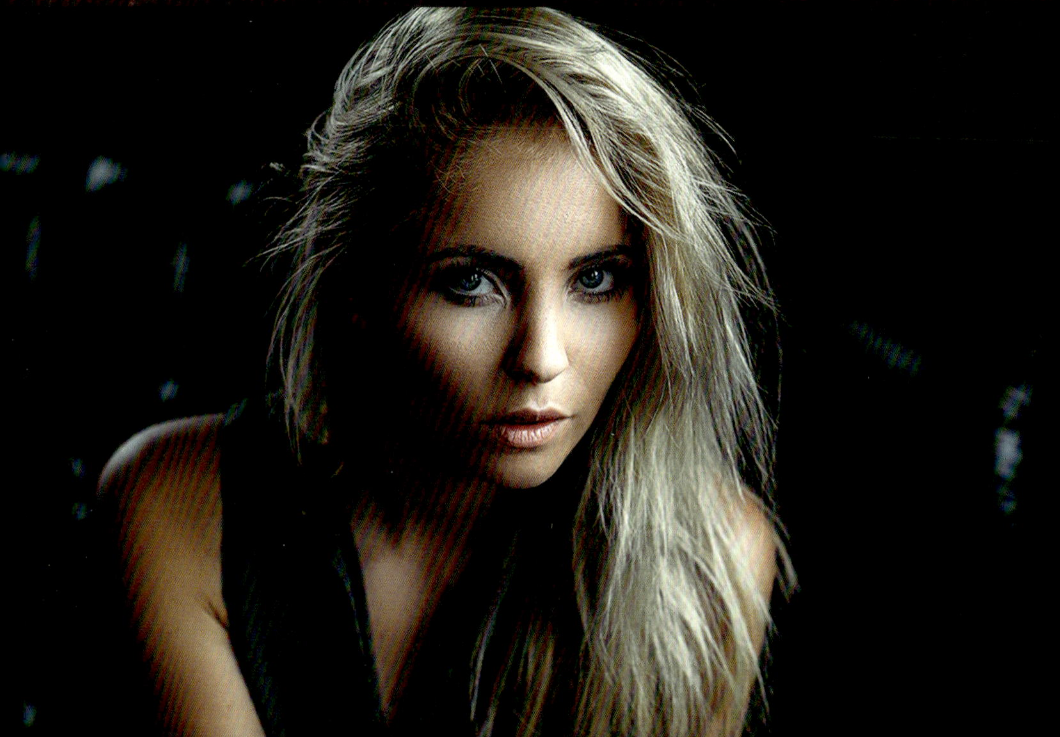

85 mm | f/3.5 | 1/320 s | ISO 320

Spiel mit der Schärfe

Vorbereitung

Positioniere dein Model zwischen Blüten und Pflanzen auf Kopfhöhe. Der Hintergrund sollte dunkel sein und das Oberteil des Models ebenfalls in einer dunklen Farbe gewählt sein. Dieses Set funktioniert perfekt bei einem blonden Model, da sich so die Haare super vom Hintergrund abheben.

Licht

Bei diesem Set sollte es bewölkt sein oder du arbeitest mit Diffusor, um weiches Licht zu erzeugen. Dein Model hebt die Nasenspitze in Richtung Himmel, damit sie keine dunklen Augenschatten unter den Augen bekommt und ein Lichtpunkt im Auge sichtbar wird.

Technik und Bildaufbau

Positioniere dein Model inmitten der Blüten und achte darauf, dass sich sowohl vor als auch hinter ihr Blüten befinden, umrahme sie quasi durch die Blüten. So kannst du perfekt mit der Schärfeebene spielen und dein Model dadurch besonders hervorheben.

Posing

Lass dein Model den Kopf neigen. Lass sie die Haare über die Wange legen, die dem Himmel zugewandt ist. Fotografiere aus der Richtung, von der aus der Wangenschatten sichtbar ist. Eine Schulter wird der Kamera zugedreht, damit das Model filigraner erscheint, die Arme werden vor dem Körper zusammengenommen.

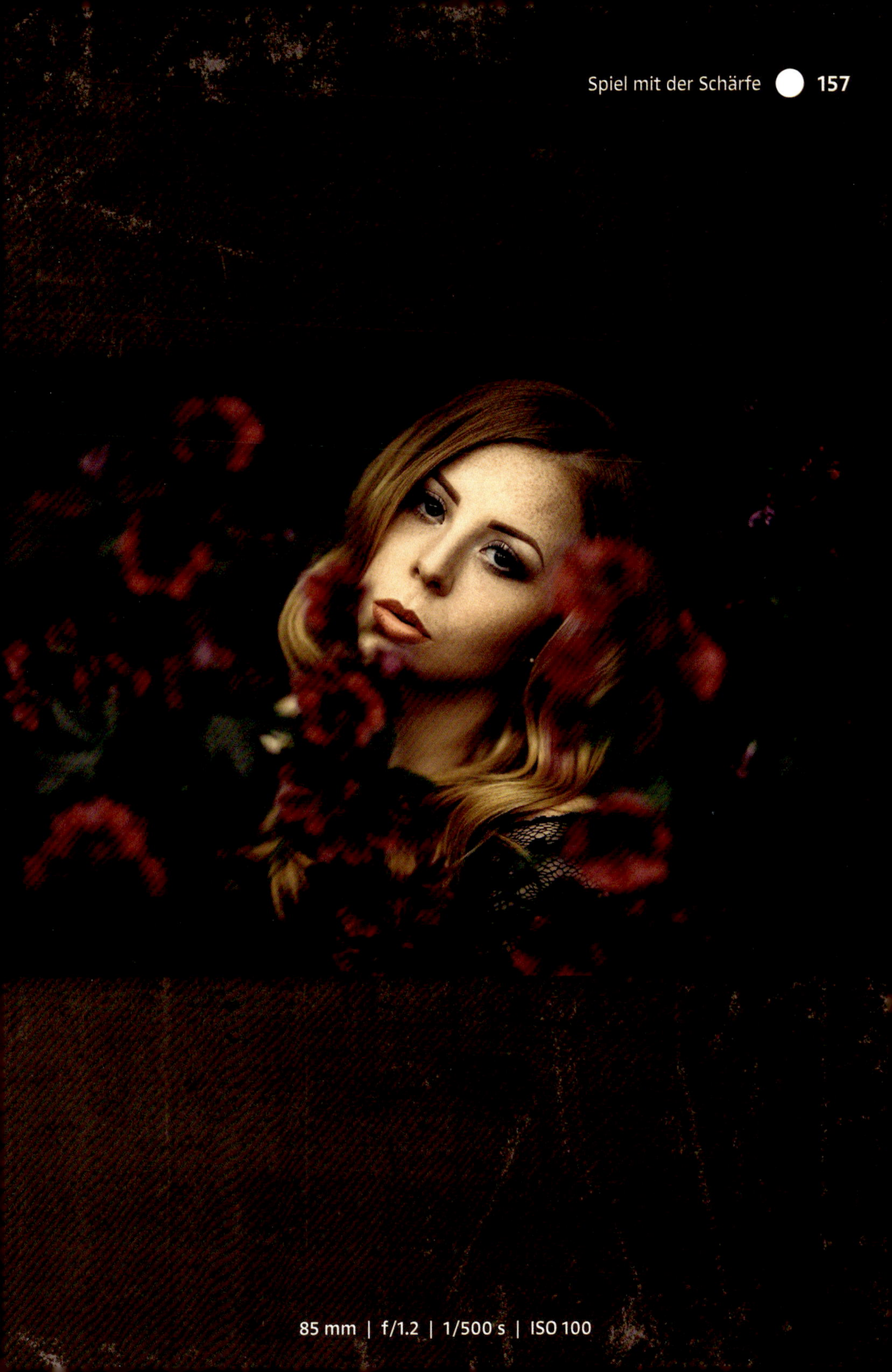

85 mm | f/1.2 | 1/500 s | ISO 100

Strukturen im Hintergrund

Vorbereitung

Du benötigst ein Bett neben einem Fenster, durch das Licht fällt. Dein Model soll ein Top oder einen Body anziehen, um die Atmosphäre zu unterstreichen. Die Haare lässt sie locker offen.

Licht

Arbeite nur mit einem Fenster als Lichtquelle und dunkle alle anderen möglichen Lichtquellen ab. Arbeite mit der Decke auf dem Bett als Struktur im Hintergrund. Es ist von Vorteil, wenn Falten in der Decke sind.

Technik und Bildaufbau

Fotografiere mit 50-mm-Festbrennweite und fokussiere auf dein Model. Arbeite mit offener Blende, um dein Model optisch abzuheben. Schneide immer dort, wo kein Gelenk sitzt.

Posing

Das Model dreht den Oberkörper vom Licht weg und den Kopf zum Licht hin, damit der Helligkeitsfokus auf dem Gesicht liegt. Zeige die Hände stets nur von der Seite und lass dein Model eine Haarsträhne berühren. Das wirkt süß und passt zur Atmosphäre.

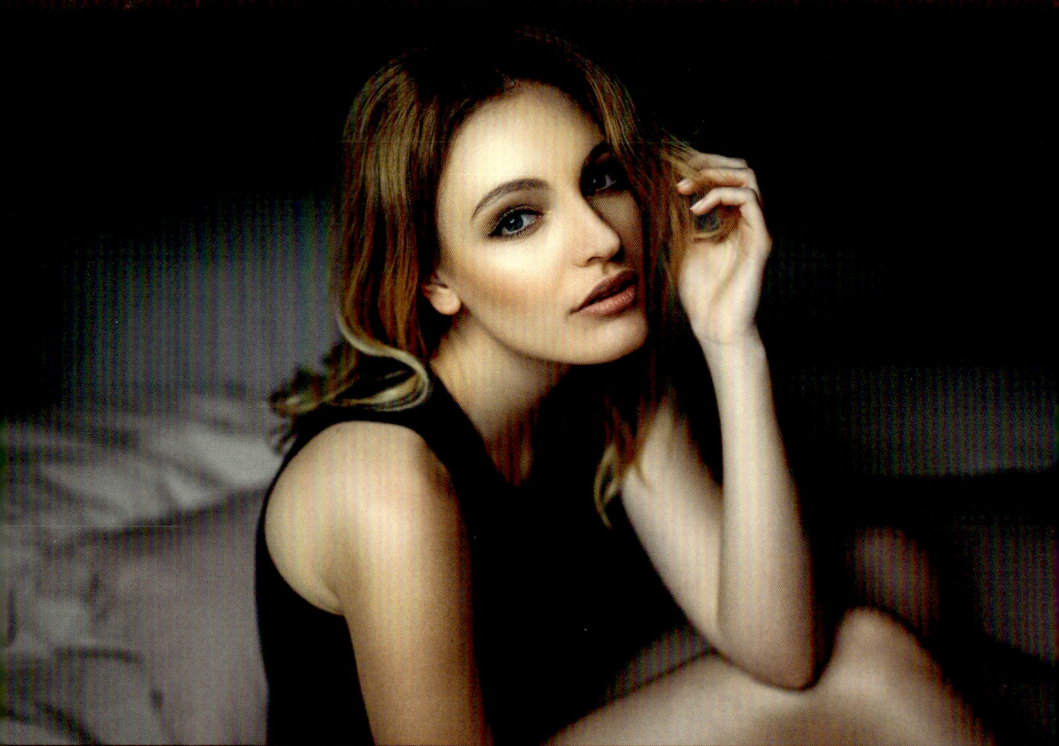

50 mm | f/1.4 | 1/400 s | ISO 250

Holztür

Vorbereitung

Nimm eine Holztür als Hintergrund. Arbeite mit Komplementärfarben zwischen Kleidung und Haarfarbe oder Kleidung und Hintergrund. Hier habe ich ganz bewusst mit Grün und Orange gearbeitet, die komplementär zueinander sind. Auch Orange ist nicht weit von Rot weg und wirkt in Verbindung mit Grün toll.

Licht

Arbeite bei Wolken oder nutze einen Diffusor. Bei diesem Bild habe ich einen Diffusor eingesetzt, um die starke Mittagssonne abzusoften und weiches Licht auf dem Gesicht zu erzeugen. Lass dein Model komplett in Richtung Sonne schauen und halte dann den Diffusor dazwischen. So ist das Gesicht am schönsten ausgeleuchtet. Lass dein Model in Richtung Diffusor schauen, damit sie einen Lichtpunkt im Auge bekommt.

Technik und Bildaufbau

Arbeite mit einem 50-mm-Objektiv bei Offenblende, um das Model optisch freizustellen. Obwohl sie nah vor der Tür sitzt, kannst du so durch die Schärfeebene eine optische Trennung erzeugen.

Posing

Die Ellenbogen werden vor dem Körper zusammengenommen, um die Linien zusammenzuführen. Achte darauf, durch die Finger eine Fächerpose herzustellen und keine Handflächen auf deinem Bild zu zeigen. Die Haare werden auf die Schultern gelegt und der Kopf leicht geneigt.

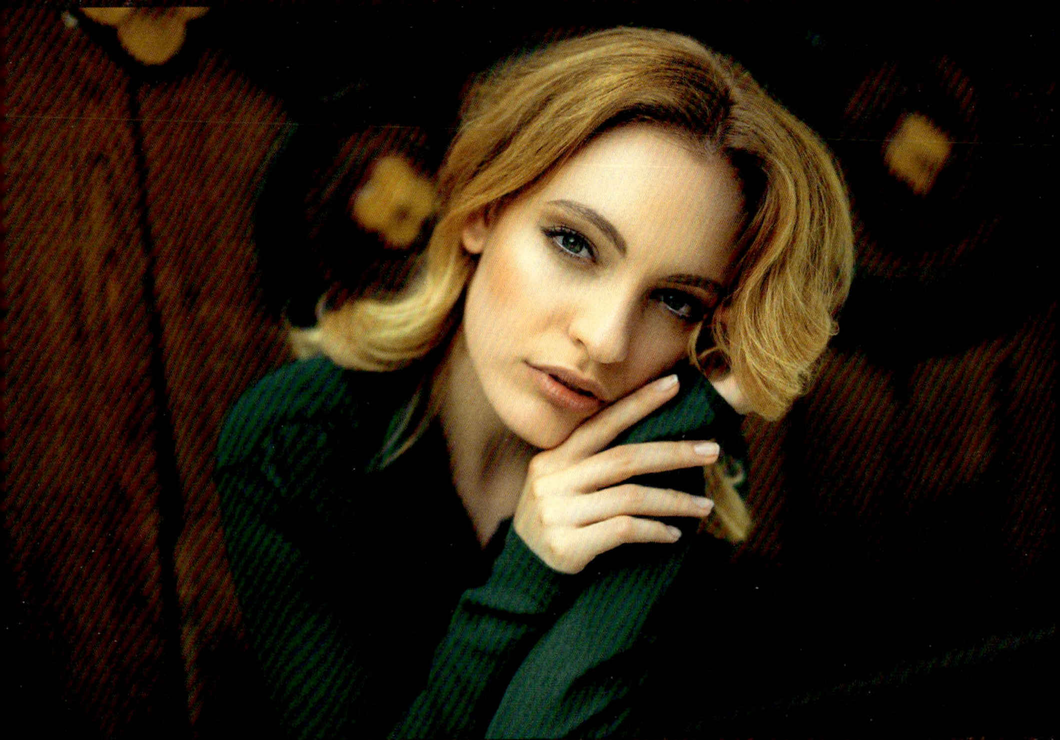

50 mm | f/1.4 | 1/2500 s | ISO 100

Rosenmuster

Vorbereitung

Wenn du ein rothaariges Model, so wie in diesem Beispiel, ablichten möchtest, ist ein dunkelgrüner Busch ideal. Die Haarfarbe Rot ist komplementär zu Grün, somit strahlt dein Bild perfekt. Ideal ist eine dunkelgrüne Hecke, in die du dein Model stellen kannst.

Licht

Für dieses Set benötigst du weiches Licht. Achte darauf, entweder bei Wolken zu arbeiten oder das Licht mit einem Diffusor abzusoften.

Technik und Bildaufbau

Spiele mit den verschiedenen Schärfeebenen, indem sich ein Ast vor dem Model und der Rest des Busches hinter ihr befindet. Sie ist nun in der Mitte und wird perfekt von den unscharfen Bereichen eingerahmt. Der Busch bildet sozusagen eine natürliche Vignette. Wähle die Oberteilfarbe dezent passend (schwarz oder dunkelgrün). Die Oberteilfarbe kann aber auch rot beinhalten, so bleibst du bei deinen zwei Hauptfarben im Bild.

Posing

Dein Model schaut frontal in die Kamera, der Kopf wird leicht geneigt. Die Haare legst du ihr locker über die Schultern, um Strukturen zu schaffen.

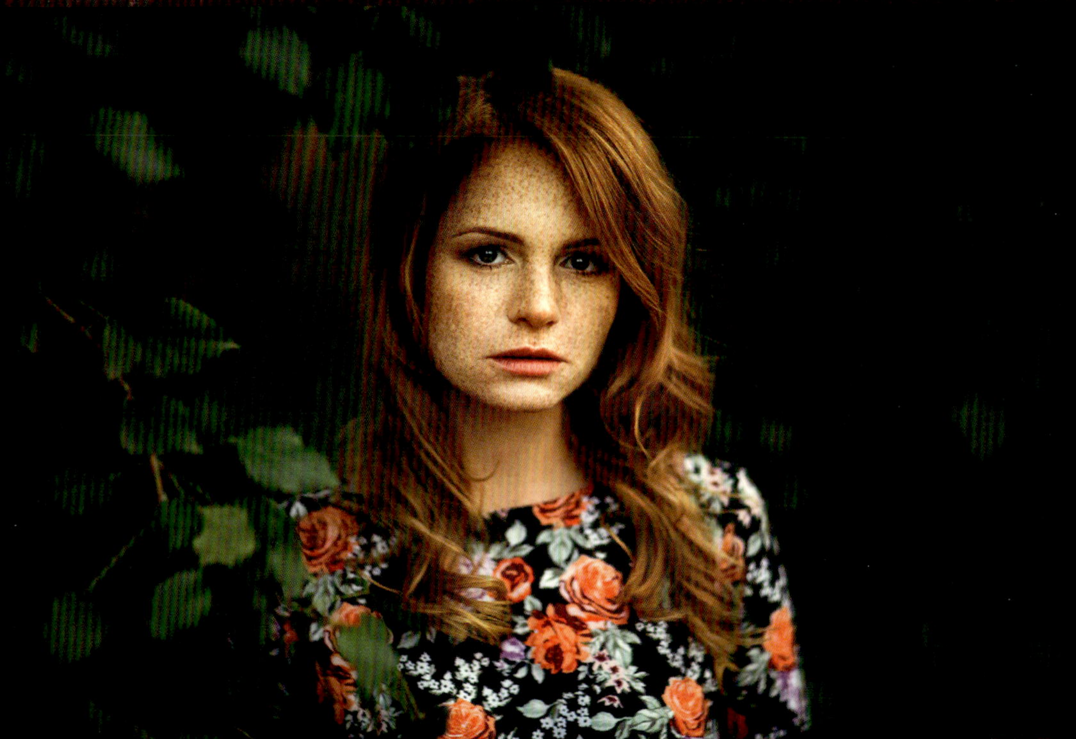

85 mm | f/1.2 | 1/125 s | ISO 100

Nahaufnahme

Vorbereitung

Dieses Bild entsteht indoor. Du benötigst einen dunklen Parkett- oder Laminatboden, auf dem das Model sitzt. Außerdem brauchst du ein Fenster als Lichtquelle.

Licht

Setze dein Model vor das Fenster auf den Boden. Sie schaut zu dir hoch. Es sollte bewölkt sein, damit weiches Licht auf ihrem Gesicht ankommt und es weich ausleuchtet.

Technik und Bildaufbau

Lass dein Model frontal zum Fenster hochschauen. Du stehst vor dem Fenster und fotografierst von oben.

Posing

Bei diesem Set sind die Haare superwichtig. Ohne die Locken würde dieses Bild nur halb so gut wirken. Sie sind in diesem Bild das Stilmittel, das das Bild interessant macht.

TIPP

Durch die Locken hast du die Möglichkeit, mit Strukturen zu arbeiten, die ja im Hintergrund wegfallen.

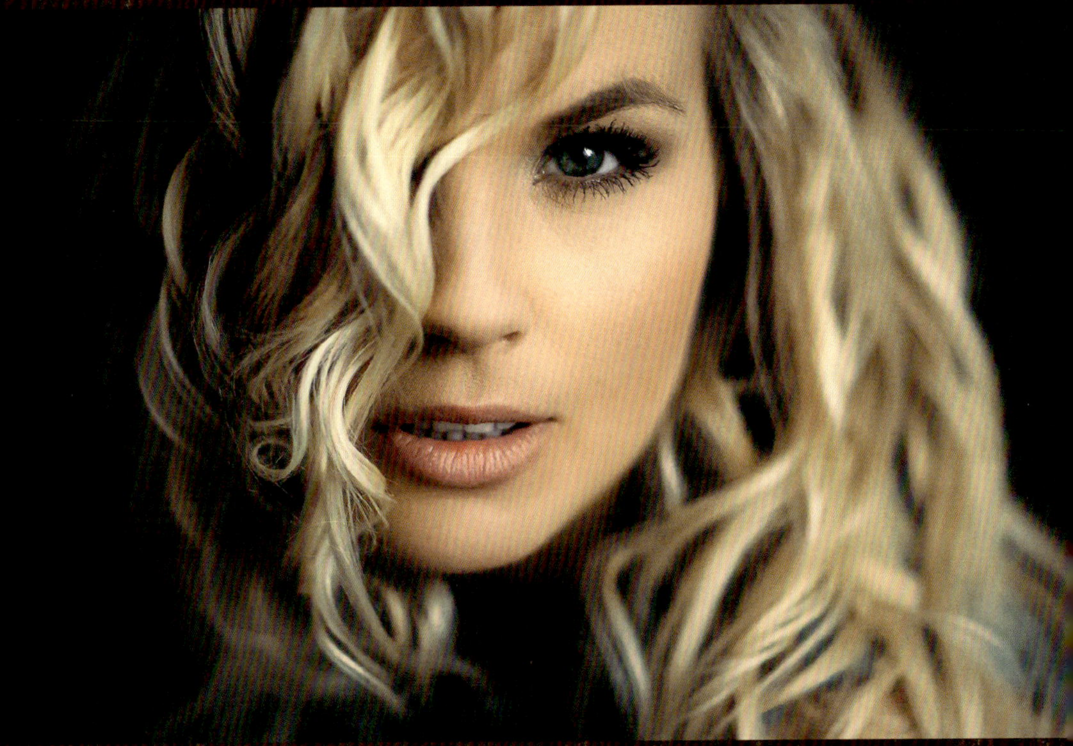

85 mm | f/1.2 | 1/200 s | ISO 100

Strick und Locken

Vorbereitung

Für dieses Set benötigst du lediglich einen Raum und ein kleines Fenster. Dein Model braucht einen Strickpulli und gelockte Haare.

Licht

Du solltest darauf achten, dass weiches Licht auf das Model fällt. Entweder du arbeitest bei bewölktem Wetter oder du setzt einen Diffusor ein, den du zwischen Fenster und Model hältst.

Technik und Bildaufbau

Leg die Haare deines Models über die freie Schulter, um für Strukturen zu sorgen. Achte darauf, die Augen auf der oberen Drittellinie zu positionieren. Indem sie den Kopf zum Fenster neigt, wird auf der anderen Seite ein Wangenschatten erzeugt. Fotografiere so, dass du gleichzeitig Wangenschatten und Lichtpunkt im Auge auf dem fertigen Bild siehst.

Posing

Der Oberkörper wird vom Fenster weggedreht, sodass eine Schulter dir zugedreht ist. Somit fällt kein Licht auf den Oberkörper, und der Helligkeitsfokus liegt auf dem Gesicht. Der Kopf wird zum Fenster geneigt.

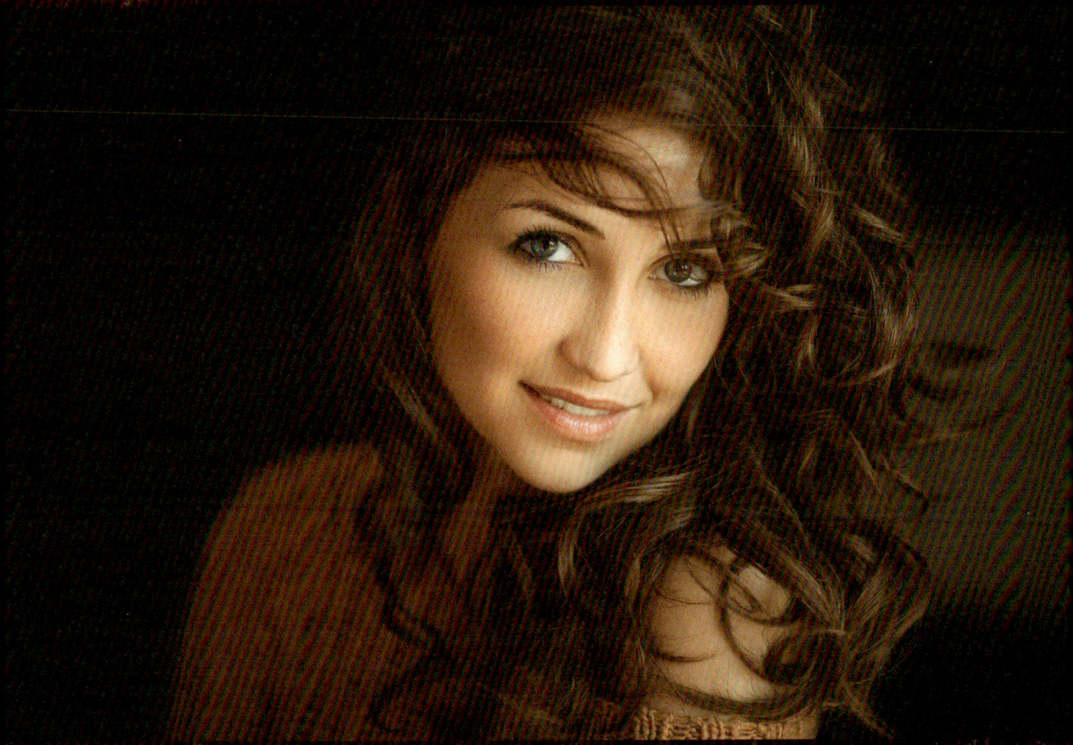

85 mm | f/1.8 | 1/160 s | ISO 100

Kapuzenpulli

Vorbereitung

Du benötigst eine Wand mit Struktur und einen Kapuzenpulli, um den gewünschten Look zu erreichen.

Licht

Arbeite bei Wolken oder mit Diffusor, den du zwischen Lichtquelle und Model hältst, um weiches Licht zu erzeugen. Fotografiere dein Model im Profil. Die Nase sollte so hoch in Richtung Himmel zeigen, dass die Schatten unter den Augen aufgehellt sind.

Technik und Bildaufbau

Durch die Wand im Hintergrund kannst du eine ideale Hintergrundstruktur erzeugen. Arbeite trotzdem mit offener Blende, um das Model optisch vom Hintergrund freizustellen. Wenn das Model den Kopf leicht in deine Richtung neigt, erhältst du einen schönen Wangenschatten, der das Gesicht formt.

Posing

Dein Model setzt oder stellt sich seitlich, sodass du sie im Profil fotografieren kannst. Die Nase hebt sie leicht an, um die Augenschatten unter den Augen aufzuhellen. Sie schaut in Richtung Horizont.

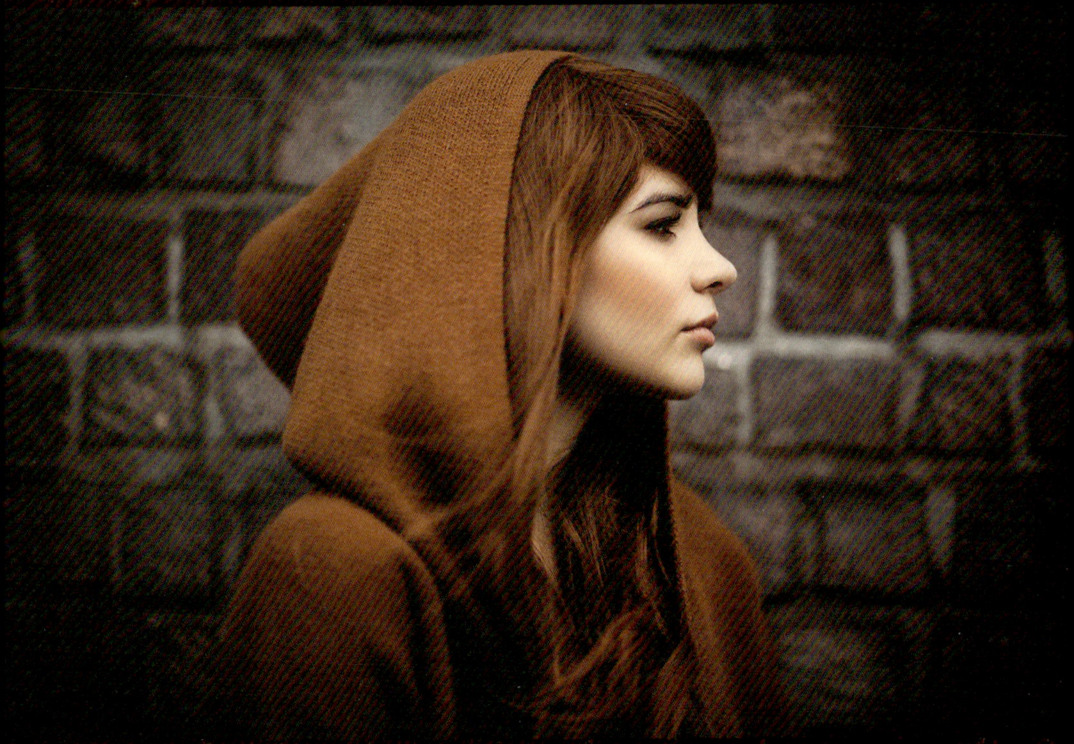

85 mm | f/1.2 | 1/125 s | ISO 100

Citylights

Vorbereitung

Für dieses Bild benötigst du eine Fußgängerzone und eine weiße Hauswand.

Licht

Dieses Foto entstand in der Innenstadt kurz nach Sonnenuntergang. Alternativ kannst du es auch bei bewölktem Himmel machen, um weiches Licht auf dem Gesicht zu erzeugen. Um das Gesicht trotz nach unten zeigender Nasenspitze hell zu bekommen, positioniere dein Model gegenüber einer weißen Hauswand.

Technik und Bildaufbau

Wenn draußen bläuliches Licht ist (also kurz nach Sonnenuntergang), kannst du perfekt einen orangefarbenen Pullover nutzen, um mit Komplementärfarben zu arbeiten. Achte darauf, dass sich die Augen auf der oberen Drittellinie befinden und du nicht am Handgelenk schneidest.

Posing

Eine Schulter zeigt zu dir, damit das Model schlanker wirkt. Der Kopf ist geneigt, eine Hand spielt in den Haaren. Achte darauf, die Hand nur von der Seite zu zeigen, um ablenkende Handflächen zu vermeiden.

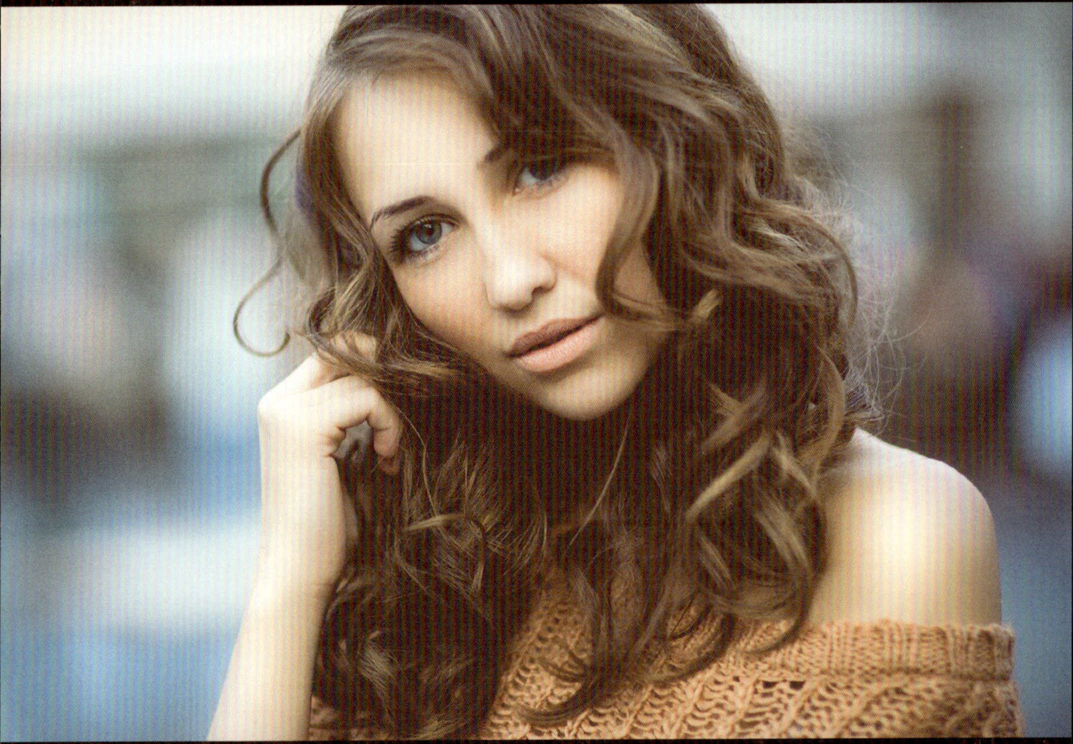

85 mm | f/1.4 | 1/320 s | ISO 125

Moment am Fenster

Vorbereitung

Du benötigst einen Raum und ein kleines Fenster, um dieses Bild zu fotografieren. Dein Model sollte Locken haben, damit du mit Strukturen arbeiten kannst.

Licht

Es sollte draußen bewölkt sein, alternativ kannst du einen Diffusor zwischen Model und Fenster halten. So kommt weiches Licht auf dem Gesicht deines Models an und du vermeidest harte Schatten, die das Gesicht unschön betonen.

Technik und Bildaufbau

Du fotografierst dein Model im Profil, während es aus dem Fenster schaut. So ist gewährleistet, dass das Licht frontal auf ihr Gesicht kommt. Indem du seitlich fotografierst, erreichst du einen wunderschönen Wangenschatten. Fotografiere stets aus Schattenrichtung.

Posing

Lass dein Model verträumt aus dem Fenster schauen. Achte darauf, dass ein Lichtpunkt in ihren Augen sichtbar ist. Die Hand nimmt sie locker nach oben. Lass dein Model den Ärmel über die Handfläche ziehen, um ablenkende Handflächen zu vermeiden.

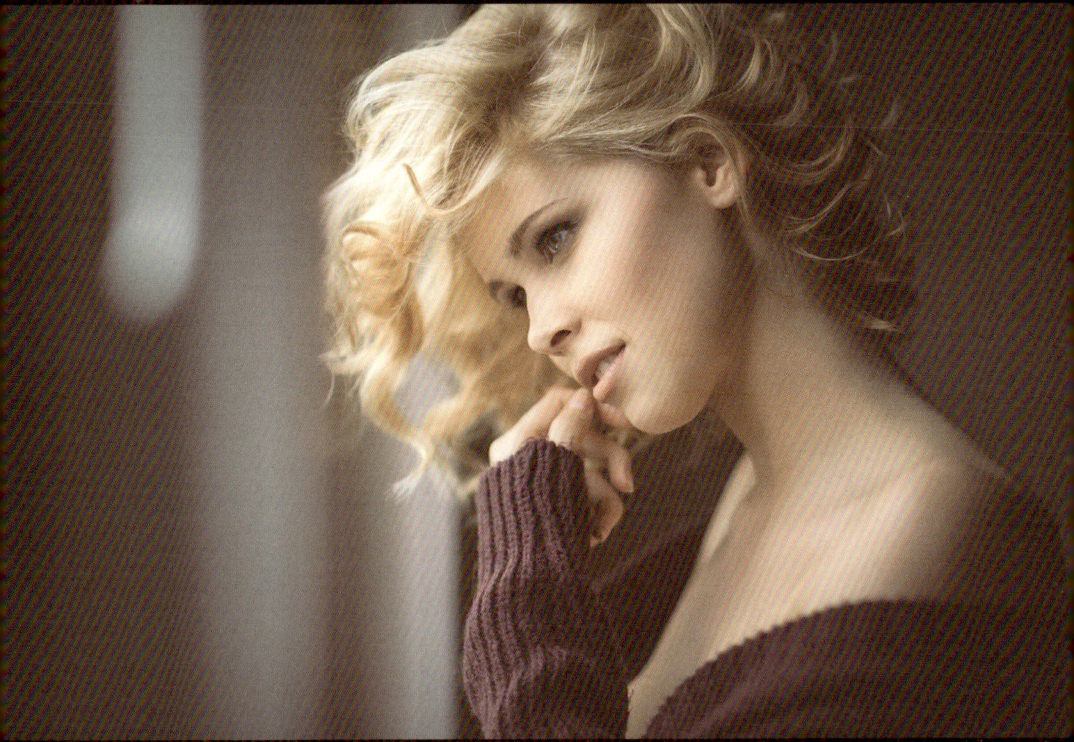

85 mm | f/1.2 | 1/320 s | ISO 100

Zu Hause

Vorbereitung

Du benötigst für dieses Set ein einheitlich eingerichtetes Wohnzimmer und eine Couch in Fensternähe.

Licht

Arbeite mit weichem Licht, entweder durch Wolken oder mithilfe eines Diffusors zwischen Model und Fenster. Dein Model schaut sowohl mit den Augen als auch mit der Kopfhaltung in Richtung Fenster.

Technik und Bildaufbau

Indem dein Model nicht in die Kamera schaut, erzählst du eine Geschichte. Das Mädchen in der Geschichte fühlt sich unbeobachtet und schaut aus dem Fenster. Würde sie nun in die Kamera schauen, wüsste der Betrachter, dass ein Fotograf da war.

Posing

Lass dein Model den Ärmel über die Handflächen ziehen, um ablenkende helle Flächen zu vermeiden. Indem dein Model in Richtung Fenster schaut, erhält sie einen schönen Lichtpunkt in den Augen und die Augen strahlen.

TIPP

Würde dein Model in die Kamera schauen, würde die Geschichte nicht mehr wirken, denn dann wüsste der Betrachter, dass ein Fotograf da war. Überlege dir also stets: Will ich ein Porträt machen oder eine Geschichte erzählen?

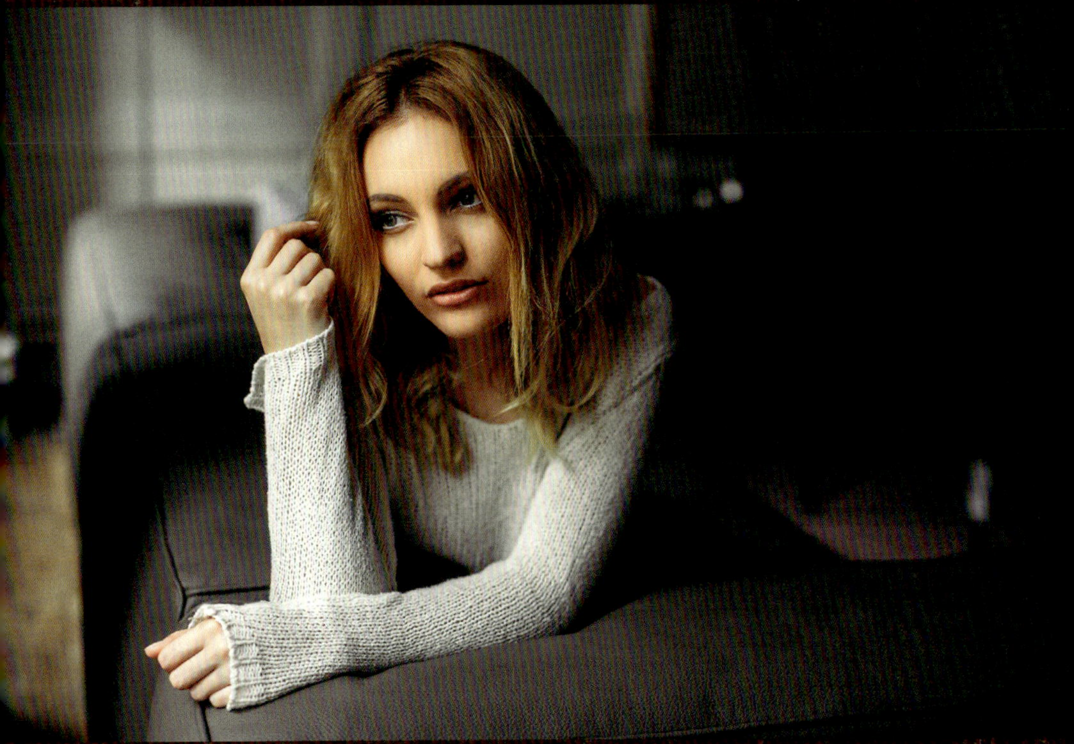

50 mm | f/2 | 1/400 s | ISO 320

Der Sonne hinterher

Vorbereitung

Wähle einen dunklen Hintergrund mit Struktur (z. B. einen Parkplatz), auf dem ein Strauch mit Blumen steht. Diese nutzt du als Hintergrund. Wähle das Oberteil passend zu den Umgebungsfarben. Die Haare trägt dein Model lockig.

Licht

Das Model schaut in Richtung Horizont. Es sollte bewölkt sein, und sie sollte in Richtung der größten Himmelstelle schauen, damit das Gesicht gleichmäßig ausgeleuchtet ist.

Technik und Bildaufbau

Fotografiere auf Augenhöhe deines Models und achte darauf, dass der Hintergrund gleichmäßig ist. Es sollte sich im Hintergrund zwar eine Struktur befinden, aber keine hellen Stellen, die ablenken.

Posing

Die Arme nimmt dein Model vor dem Körper zusammen, um sie filigraner wirken zu lassen. Die Haare legt sie sich vors Dekolleté, um die helle Fläche zu vermeiden. Den Oberkörper dreht sie so weit von der hellen Himmelstelle weg, dass dieser dunkler erscheint. Fotografiere sie von der Seite, damit du den entstehenden Wangenschatten aufnehmen kannst.

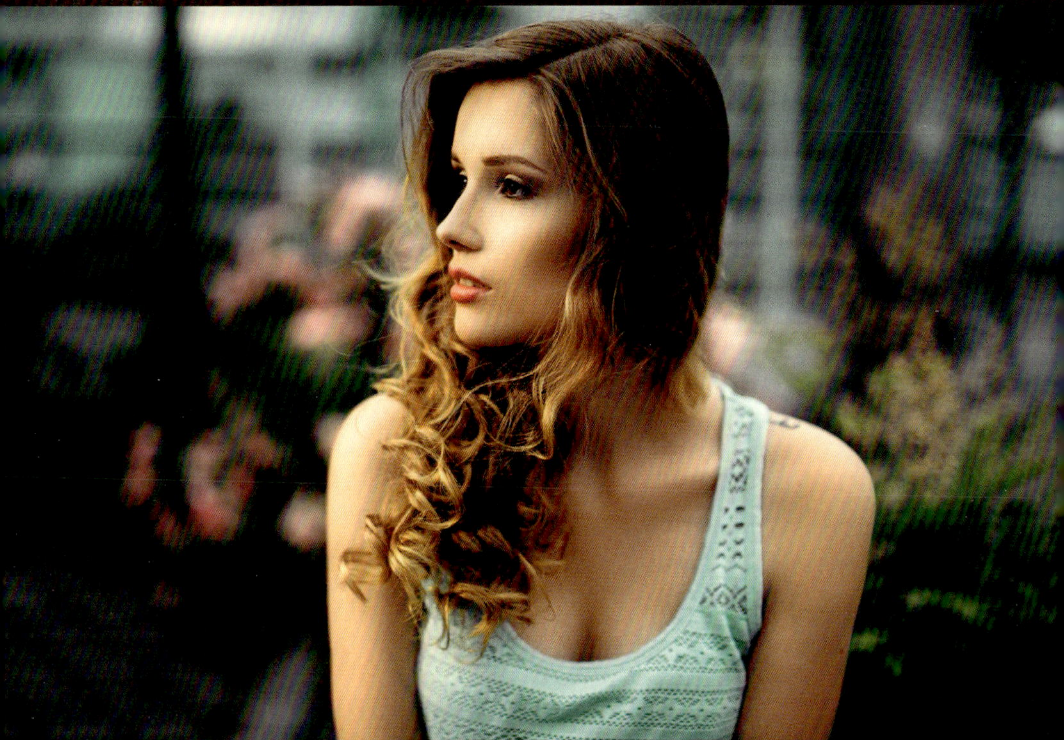

50 mm | f/1.4 | 1/640 s | ISO 100

Sonnenblumenfeld

Vorbereitung

Du brauchst ein Sonnenblumenfeld, hinter dem die Sonne untergeht, sodass die Blumen von hinten angeleuchtet werden. Stell dein Model mit einem hellen strukturierten Oberteil vor die Blumen.

Licht

Positioniere dein Model gegenlichtig. Von deiner Richtung aus hellt ein Helfer das Gesicht deines Models mit der silbernen Seite des Reflektors auf, damit es im Gegenlicht nicht zu dunkel erscheint.

Technik und Bildaufbau

Fotografiere so, dass die Sonne nicht direkt im Bild ist. Hinter dem Sonnenblumenfeld sollte es dunkel sein (hohe Bäume), damit die Blumen gut zur Geltung kommen.

Posing

Dein Model sollte nach oben schauen und die Haare über die Gesichtshälfte legen, die der Sonne zugewandt ist. So befindet sich die Lichtkante auf den Haaren und nicht auf dem Gesicht. Das Gesicht wirkt dadurch schön gleichmäßig ausgeleuchtet und nicht überbelichtet.

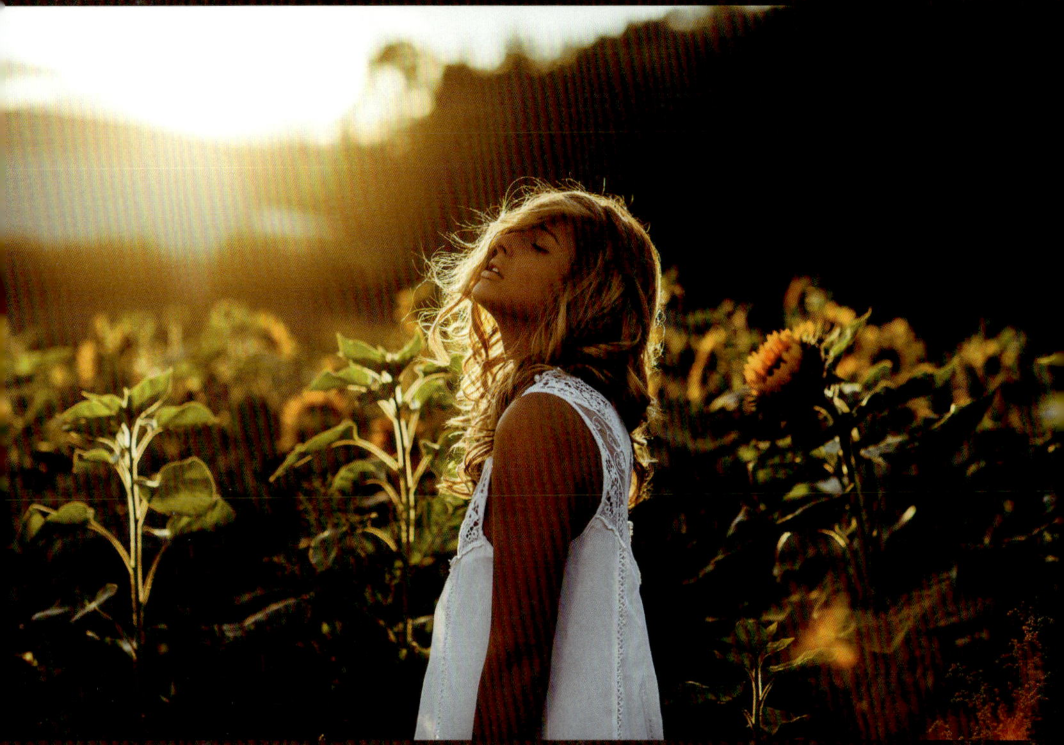

85 mm | f/2.2 | 1/2500 s | ISO 100

Dunkelrot und Gold

Vorbereitung

Wähle einen Busch, dessen Blüten die gleiche Farbe wie das Kleid deines Models haben. Alternativ wählst du die Kleidfarbe passend zur Natur. Dieses Bild wirkt besonders schön, wenn dein Model ein schönes Make-up trägt, da sie die Augen geschlossen hat und dadurch das Make-up im Mittelpunkt steht.

Licht

Bei diesem Bild sollte es bewölkt sein. Alternativ arbeitest du mit Diffusor, den du zwischen Model und Sonne hältst. Dein Model neigt den Kopf nach hinten und streckt die Nase in Richtung Himmel. So ist ihr Gesicht perfekt ausgeleuchtet.

Technik und Bildaufbau

Achte darauf, das Model seitlich zu fotografieren, sodass du den Wangenschatten mit fotografierst. Die Augen sitzen auf der oberen Drittellinie. Achte darauf, unter der Schulter zu schneiden und nicht Hals oder Schulter abzuschneiden.

Posing

Der Kopf wird in Richtung Himmel oder Lichtquelle angehoben, um eine schöne Ausleuchtung zu erhalten. Indem dein Model den Kopf zu dir neigt, verstärkt das den Wangenschatten. Die Lippen werden leicht geöffnet, um die Sinnlichkeit zu unterstützen.

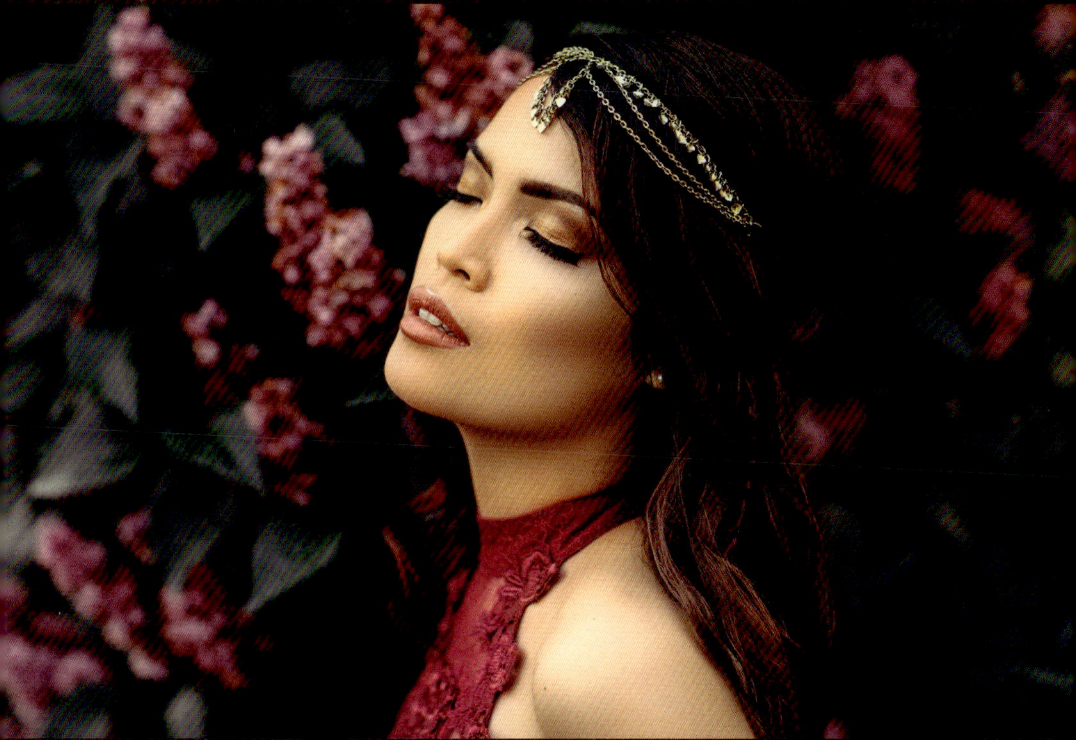

85 mm | f/2.2 | 1/200 s | ISO 160

LISTE DER MODELS UND MAKE-UP-ARTISTS

Models

Hair- & Make-up-Artists

Elaine Breidenstein S. 83 unten

Laurie Ibsen S. 13, 15, 17, 20, 21, 34, 35, 55, 71, 73, 74, 75, 76, 79, 101, 105, 108, 111, 119, 123, 181

Nicole Quick S. 173

Shari Kramer S. 22, 23, 25, 26, 27, 29, 36, 37, 38, 39, 44, 46, 47, 48, 49, 50, 56, 62, 63, 65, 67, 68, 69, 77, 78, 81, 85, 86, 87, 92, 94, 99, 103, 107, 121, 125, 127, 133, 135, 147, 149, 157, 163

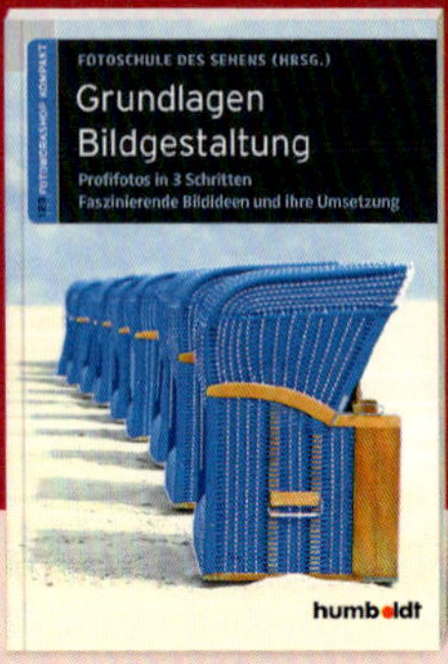

Fotoschule des Sehens (Hrsg.)
Grundlagen Bildgestaltung
ISBN 978-3-86910-357-0

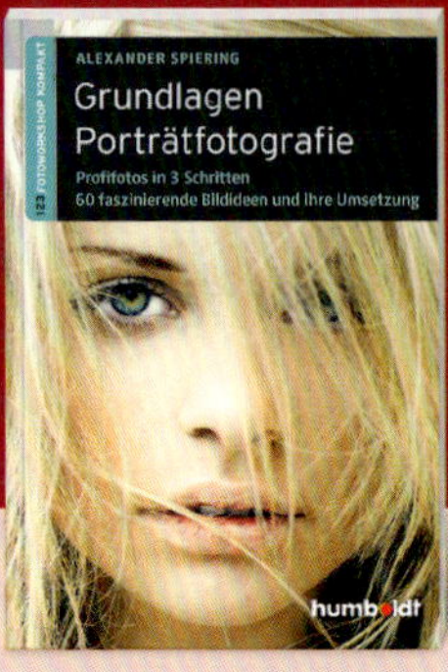

Alexander Spiering
Grundlagen Porträtfotografie
ISBN 978-3-86910-362-4

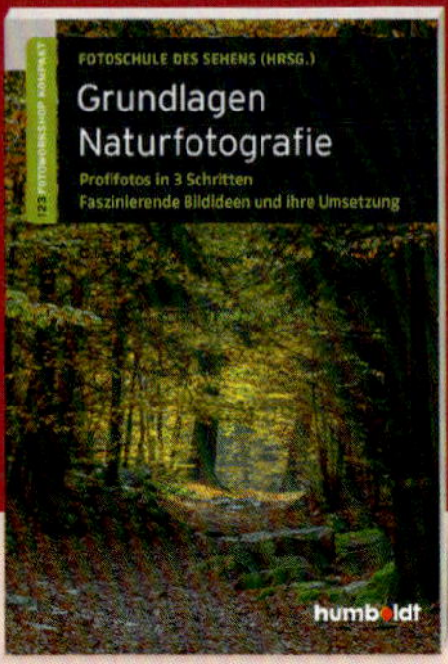

Fotoschule des Sehens (Hrsg.)
Grundlagen Naturfotografie
ISBN 978-3-86910-217-7

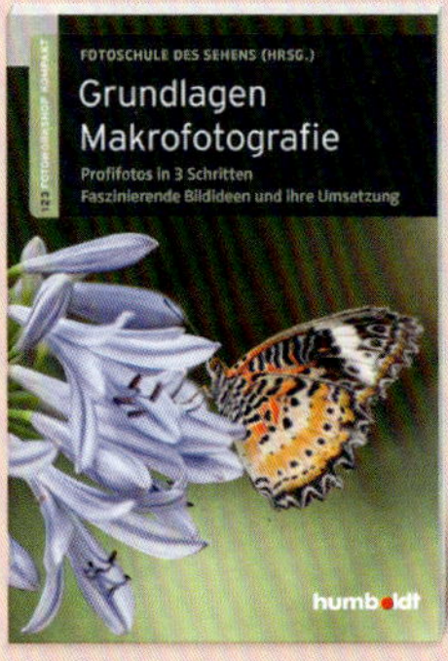

Fotoschule des Sehens (Hrsg.)
Grundlagen Makrofotografie
ISBN 978-3-86910-211-5

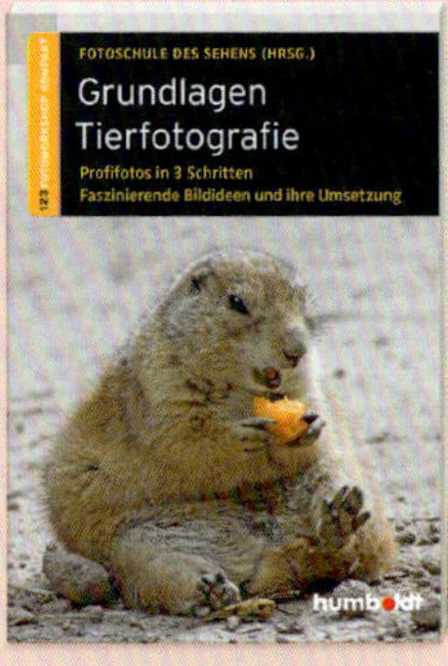

Fotoschule des Sehens (Hrsg.)
Grundlagen Tierfotografie
ISBN 978-3-86910-219-1

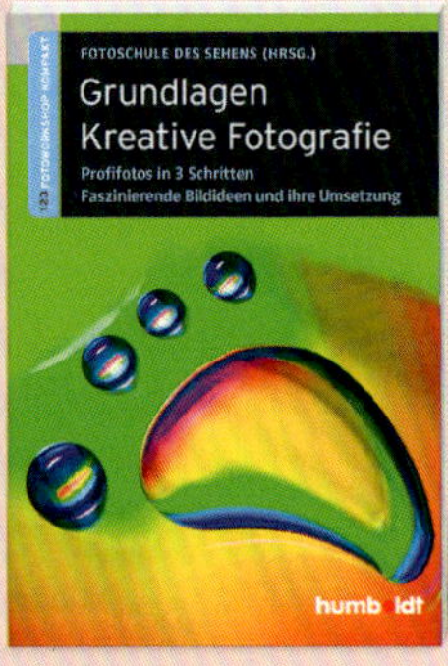

Fotoschule des Sehens (Hrsg.)
Grundlagen Kreative Fotografie
ISBN 978-3-86910-215-3

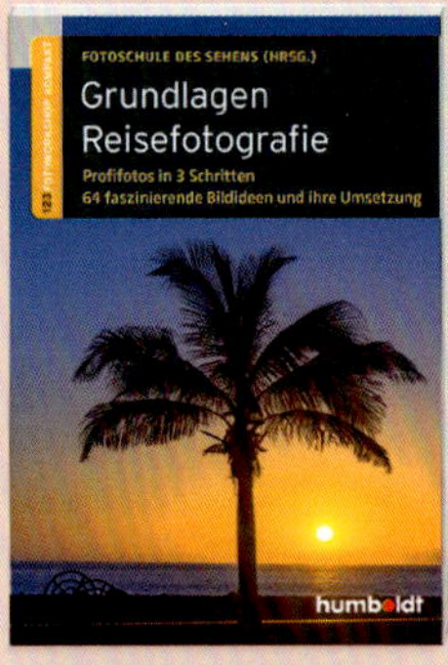

Fotoschule des Sehens (Hrsg.)
Grundlagen Reisefotografie
ISBN 978-3-86910-212-2

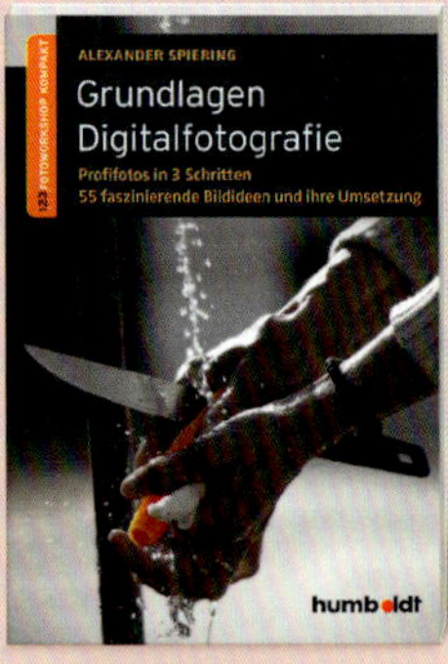

Alexander Spiering
Grundlagen Digitalfotografie
ISBN 978-3-86910-210-8

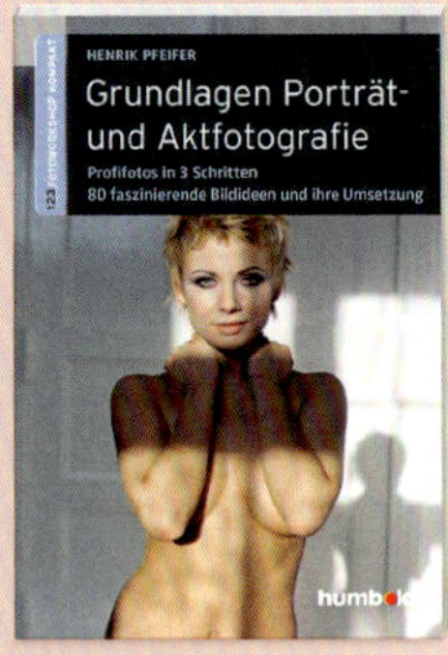

Henrik Pfeifer
Grundlagen Porträt-
und Aktfotografie
ISBN 978-3-86910-213-9

Stand 2017. Änderungen vorbehalten.

Fotowissen to go!

- 1, 2, 3 Fotoworkshop kompakt ist ideal für Foto-Einsteiger und Hobbyfotografen, die sich nicht mit grauer Theorie aufhalten wollen
- Einfach: Auf jeder Doppelseite ein tolles Foto mit einfachen Anleitungen in drei Schritten
- Praktisch: Das kleine Format passt in jede Fototasche
- Preiswert: Faszinierende Bildideen mit Topanleitungen zum kleinen Preis
- Schnell zum perfekten Foto – von der Bildidee, über die Vorbereitung bis zur Umsetzung

1,2,3 Fotoworkshop kompakt –
die praktische Reihe im Fototaschenformat!
11,8 x 17,0 cm, Broschur
€ 16,99 [D]/€ 17,50 [A]

Die Ratgeber sind auch als eBook erhältlich.

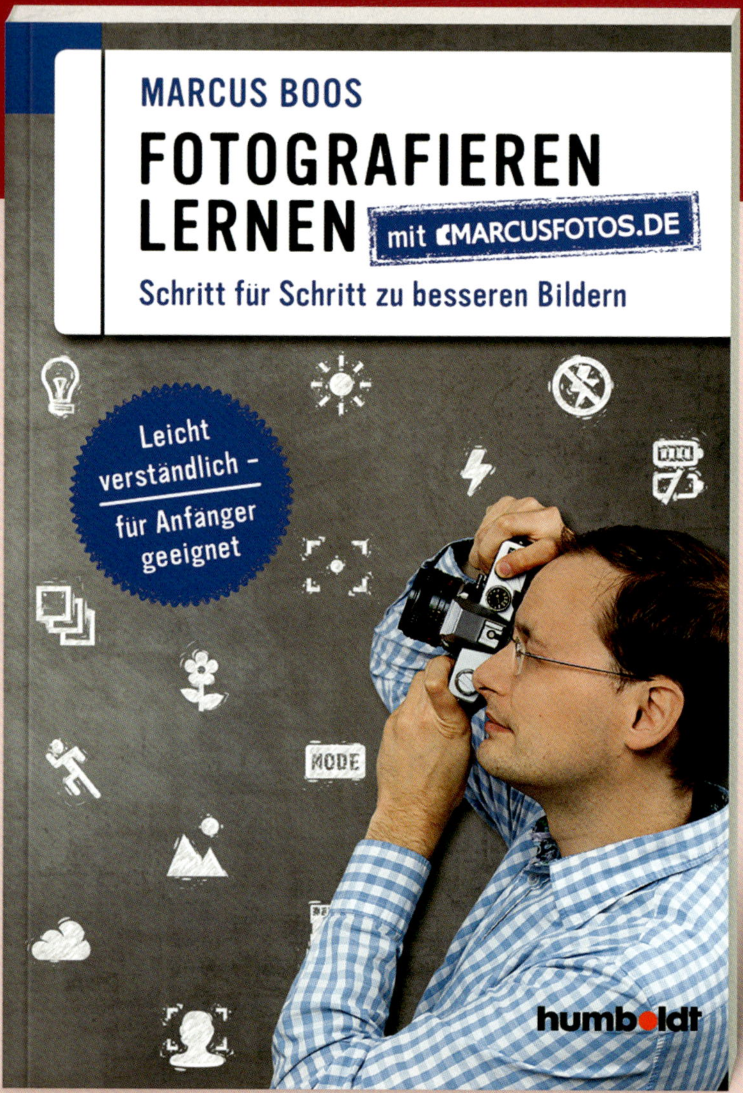
MARCUS BOOS
FOTOGRAFIEREN
LERNEN
mit MARCUSFOTOS.DE
Schritt für Schritt zu besseren Bildern
Leicht verständlich – für Anfänger geeignet
MODE
humboldt

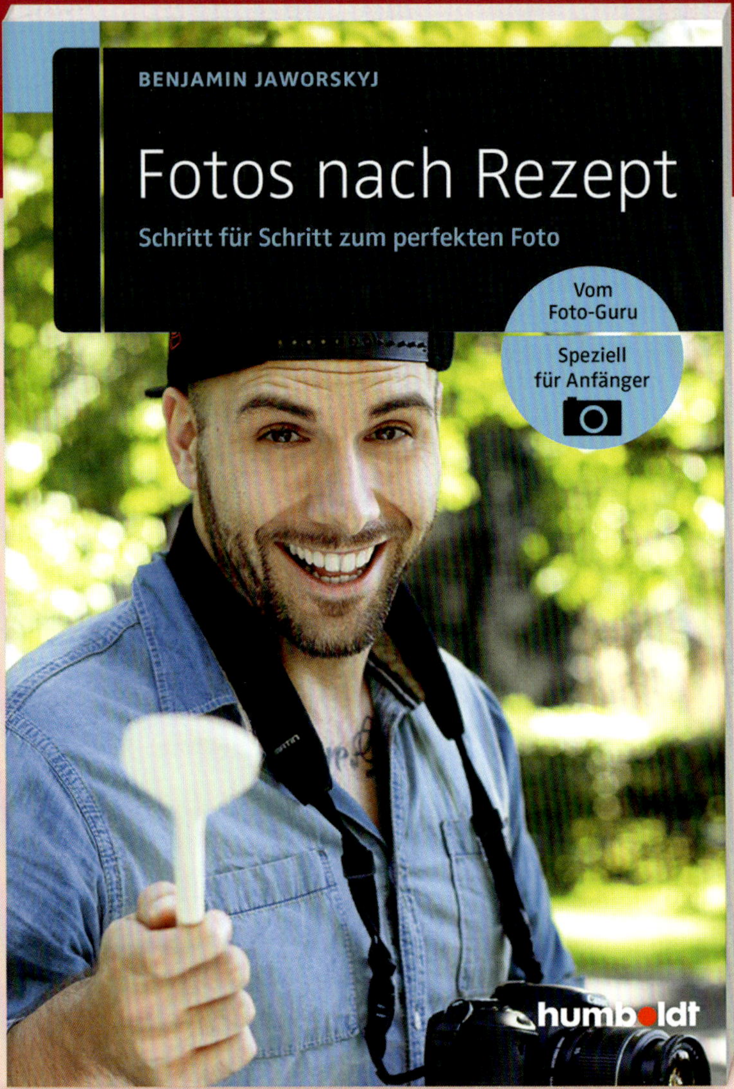

Stand 2017. Änderungen vorbehalten.

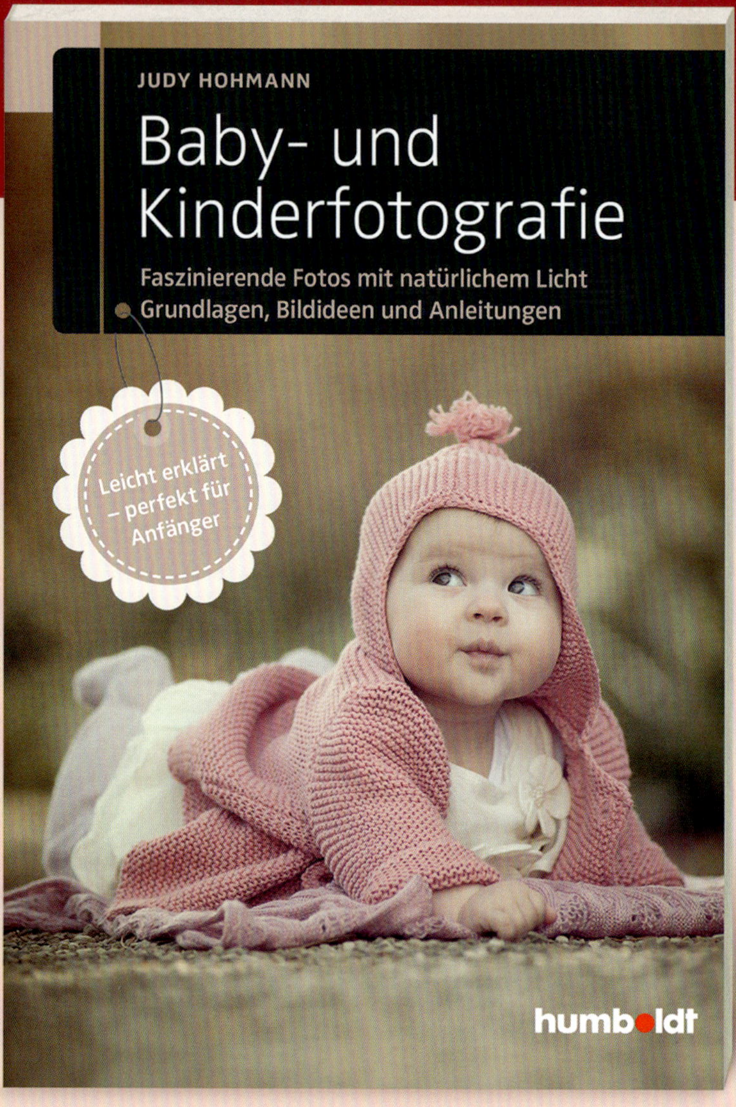
JUDY HOHMANN
Baby- und Kinderfotografie
Faszinierende Fotos mit natürlichem Licht
Grundlagen, Bildideen und Anleitungen
Leicht erklärt – perfekt für Anfänger
humboldt

Bibliografische Information der Deutschen Nationalbibliothek
Die Deutsche Nationalbibliothek verzeichnet diese Publikation in der Deutschen Nationalbibliografie; detaillierte bibliografische Daten sind im Internet über http://dnb.ddb.de abrufbar.

ISBN 978-3-86910-358-7 (Print)
ISBN 978-3-86910-402-7 (PDF)
ISBN 978-3-86910-403-4 (EPUB)

Die Autorin: Nina Schnitzenbaumer hat Film studiert und betreibt ein eigenes Tageslicht-Studio in Darmstadt. Sie fasziniert mit ihrer emotionalen Porträtfotografie: Unzählige Hobbyfotografen folgen der Fotografin bei Facebook, Instagram oder YouTube und bekommen dort oder in den begehrten Live-Workshops wertvolle Tipps. Ihr Können, ihre Art und vor allem ihre Fotos haben dafür gesorgt, dass sie zu den Shooting-Stars der deutschen Fotoszene gehört.

Fotos:
Nina Schnitzenbaumer
Désirée Gehringer: S. 7, 11
Robin Kehl: S. 9

Originalausgabe

Eine Marke der Schlüterschen Verlagsgesellschaft mbH & Co. KG,
Hans-Böckler-Allee 7, 30173 Hannover
www.schluetersche.de
www.humboldt.de

Lektorat: Linda Strehl, München
Covergestaltung: semper smile Werbeagentur GmbH, München
Covermotiv: Nina Schnitzenbaumer; shutterstock/ShutovaElena
Satz: PER Medien+Marketing GmbH, Braunschweig
Druck und Bindung: Grafisches Centrum Cuno GmbH & Co. KG, Calbe